PERSONAL Stylist
GUIA PARA CONSULTORES DE IMAGEM

Titta Aguiar
www.tittaguiar.com.br
tittaguiar@terra.com.br

OBRA ATUALIZADA CONFORME
O **NOVO ACORDO ORTOGRÁFICO**
DA LÍNGUA PORTUGUESA.

Dados Internacionais de Catalogação na Publicação (CIP)
(Câmara Brasileira do Livro, SP, Brasil)

Aguiar, Titta
　　Personal Stylist : guia para consultores de imagem / Titta Aguiar ; ilustrações Irene Maia e Renato Raga. – 7ª ed. rev. – São Paulo : Editora Senac São Paulo, 2015.

　　Bibliografia.
　　ISBN 978-85-396-0855-3

　　1. Consultores 2. Moda 3. Moda – Pesquisa I. Maia, Irene. II. Raga, Renato. III. Título.

15-299s　　　　　　　　　　CDD-391.001
　　　　　　　　　　　　　BISAC DES000000
　　　　　　　　　　　　　　　　　DES005000

Índices para catálogo sistemático:
1. Consultores de estilo : Moda : Costumes　391.001
2. Estilo : Consultores : Moda : Costumes　391.001
3. Moda : Consultores de estilo : Costumes　391.001

PERSONAL *Stylist*
GUIA PARA CONSULTORES DE IMAGEM

Titta Aguiar

7ª edição revista

ilustrações
Irene Maia
Renato Raga

Editora Senac São Paulo – São Paulo – 2015

Administração Regional do Senac no Estado de São Paulo
Presidente do Conselho Regional: Abram Szajman
Diretor do Departamento Regional: Luiz Francisco de A. Salgado
Superintendente Universitário e de Desenvolvimento: Luiz Carlos Dourado

Editora Senac São Paulo
Conselho Editorial: Luiz Francisco de A. Salgado
Luiz Carlos Dourado
Darcio Sayad Maia
Lucila Mara Sbrana Sciotti
Luís Américo Tousi Botelho

Gerente/Publisher: Luís Américo Tousi Botelho (luis.tbotelho@sp.senac.br)
Coordenação Editorial/Prospecção: Dolores Crisci Manzano (dolores.cmanzano@sp.senac.br)
Administrativo: grupoedsadministrativo@sp.senac.br
Comercial: comercial@editorasenacsp.com.br

Preparação de Texto: Marta Lúcia Tasso
Revisão de Texto: Gabriela Lopes Adami (coord.), Marcela Mitie de S. Magari Dias, Ivone P. B. Groenitz, Kimie Imai, Leia Fontes Guimarães, Gabriel Rosner
Elaboração de Textos Institucionais: Luiz Carlos Cardoso
Projeto Gráfico e Editoração Eletrônica: Fabiana Fernandes
Capa: Antonio Carlos De Angelis
Ilustrações das páginas 83 a 86, 87 a 90, 91, 93 a 96: Desenhos a partir do Método de Desenho Esmod – École Supérieure des Arts et Techniques de la Mode/Faculdade Senac de Moda
Impressão e Acabamento: Gráfica CS

Proibida a reprodução sem autorização expressa.
Todos os direitos desta edição reservados à
Editora Senac São Paulo
Rua 24 de Maio, 208 – 3º andar – Centro – CEP 01041-000
Caixa Postal 1120 – CEP 01032-970 – São Paulo – SP
Tel.: (11) 2187-4450 – Fax (11) 2187-4486
E-mail: editora@sp.senac.br
Home page: http://www.livrariasenac.com.br

© Fátima Aguiar Lopes Svitek, 2003

Sumário

7 Nota do editor

9 Prefácio
João Braga

17 Agradecimentos

19 Introdução

25 O código da roupa

31 Profissão: personal stylist

39 Estilo pessoal

59 Tipos de estilo

85 Tipo físico

99 A magia das cores

113 Planejamento do guarda-roupa: *closet clearing/capsule wardrobe*

127 Organização de guarda-roupa

137 Personal shopper

147 Personal stylist para artistas

157 Consultoria em visagismo

171 Conceitos masculinos

191 Personal stylists/consultores de imagem de sucesso

245 Glossário

249 Bibliografia

257 Índice geral

Nota do editor

Na atividade de mais de meio século dedicada à educação para o trabalho, o Senac São Paulo está atento às modificações que se processam na sociedade e encontram acolhida no campo da moda e da beleza. Este livro ocupa-se de uma nova profissão também suscitada pela mudança incessante nas condições da vida contemporânea – a de personal stylist.

A aparência pessoal, em seu item referente à maneira como homens e mulheres se vestem no dia a dia e nas ocasiões para além da rotina, tem hoje importância decisiva. E isso não se deve a um suposto predomínio da futilidade sobre a seriedade; deve-se principalmente ao fato de que, num mundo apressado e competitivo, a "imagem externa" que projetamos exerce papel de destaque.

Titta Aguiar faz aqui amplo levantamento do que concerne ao personal stylist, sempre com um sentido de informação acessível ao leigo ou leiga no assunto. Nisso teve a colaboração de dois ilustradores – Renato Raga, que traça o estilo masculino, e Irene Maia, o feminino –, além de depoimentos de profissionais em sintonia com sua especialidade.

Os personal stylists contam agora com um manual de consulta confiável para o exercício da sua profissão. Já o homem e a mulher conectados às exigências de seu tempo dispõem de um auxiliar de inestimável valia para envergar a imagem que lhes compete.

Prefácio

As citações populares nos dizem significativas verdades. É o caso, por exemplo, de "o hábito faz o monge". De fato nós nos denunciamos por aquilo que vestimos. Nossas roupas são verdadeiras formas de comunicação não verbal. Vestimo-nos para nós, e, especialmente, para os outros. A ação de cobrir o corpo comunica quem somos, o que fazemos, do que gostamos, o que desejamos, de onde viemos, qual o nosso papel social, entre outras coisas. E assim criamos modos, maneiras, comportamentos, atitudes e, por extensão, moda.

Porém, como funciona o mecanismo desta tal moda? O que a gera e o que a faz ser o que é? Seja por pudor, por adorno e/ou proteção, o ser humano um dia cobriu o seu corpo. A religião nos ensina que assim o foi por vergonha, uma vez percebida a nudez. A antropologia, no entanto, nos diz que o homem o fez por adorno e por proteção.

O homem imitou a natureza ao observar penas coloridas nas aves, escamas brilhosas nos peixes, manchas nas peles de animais, etc. E, pela vontade de imitar os demais do grupo e de se diferenciar deles, o homem se adornou, se enfeitou e ganhou destaque. Mas também se cobriu por necessidade de proteção, seja contra as intempéries, seja contra as agressões como atritos, picadas e mordidas de animais ou contra o choque da queda. E assim surgiu o hábito de cobrir o corpo.

Roupas sempre foram diferenciadores sociais, independentemente de ser moda ou não. O conceito de moda, por sua vez, surgiu entre os séculos XIV e XV da Era Cristã e se dinamizou no tempo ao criar mecanismos próprios de sobrevivência. A moda também é um estratificador social, todavia com a dinâmica de mudança de sazonalidade, ou seja, a durabilidade de um padrão por um determinado período de vigência.

Eis aí o conceito de moda: a vontade de diferenciação pelo gosto do novo. No entanto moda não se refere somente às roupas, mas a tudo que vigora por um determinado período. É o ar de um tempo em diversos contextos como, entre outros, a música, a arquitetura, a decoração, o automóvel, os objetos, e também as roupas e os elementos que os compõem como cor, forma, volume, textura. No entanto, ao nos referirmos à "moda", imediatamente nos lembramos dos objetos e formas vestíveis.

É aí que queremos chegar: as roupas como moda. A moda é tão compreensível quanto paradoxal. Queremos usar algo para nos diferenciarmos, porém acabamos ficando iguais a todos aqueles que também querem se diferenciar com aquilo que é considerado novo ou pelo menos novidade. É o coletivo que gostaria de ser único; é a massa que gostaria de ser individualizada; é o povo que gostaria de ser indivíduo; é o objetivo que gostaria de ser subjetivo. Eis o antagonismo da moda. O que deveria nos caracterizar acaba nos descaracterizando. A moda deveria nos tornar únicos, mas nos torna um a mais.

Daí então a necessidade do estilo. Este sim está inicialmente ligado à subjetividade, à individualidade, à unicidade, à diferenciação entre os demais. Moda em si é o estilo proposto por alguém que foi diluído e aceito pelo grande público e consequentemente tornou-se coletivo. Contudo, com o passar do tempo, a moda – registro fiel de um momento – volta a ser estilo ao documentar os valores estéticos de um determinado período. Assim é a trajetória da moda. E esta é tão exigente que verdadeiramente torna-se autodestruidora ao aniquilar uma vigência para lançar algo diferente para ser sobreposto. A natureza da moda é assim mesmo; é a constante mudança em busca do inusitado, do ineditismo e da inovação para consequentemente atingir o uso generalizado e posteriormente decair; e os novos aspectos surgem para indicarem o novo padrão, que, futuramente, vai declinar.

A moda não chega a ser cíclica, mas helicoidal, uma vez que o fator tempo não a deixa voltar ao mesmo lugar, mas a uma proximidade à referência anterior.

E o homem, por vaidade da condição humana e da vontade de se diferenciar, valoriza a moda. E, já que o fator é a diferenciação, vale a pena observar como somos e nos adequar com bom senso ao cobrirmos o corpo.

Alguns são mais ousados, outros mais sóbrios; uns mais estilosos, outros mais previsíveis; uns mais ornamentados, outros mais discretos; uns querem transgredir as regras, outros já necessitam de códigos a serem observados e, com esta profusão de possibilidades, surge a necessidade de orientação e do profissional, para indicar o novo rumo do gosto para as roupas: eis o criador, o costureiro, o modista, o figurinista, o estilista, o *stylist*, o consultor. Alguns nomes aparentemente distintos que o tempo qualificou para funções conceituais quase semelhantes.

Para nobres e plebeus, a opinião de quem entende de moda sempre é solicitada como forma de referência de bom gosto ou gosto inovador para uma época. E a história acusa pessoas que assim o fizeram. Rose Bertin prestou serviços a Maria Antonieta sobre o que usar e como deveria ser usado. Os homens, por sua vez, não ficam de fora da mesma situação. George Brummel, o belo Brummel, também assim o fez para o príncipe de Gales, o futuro rei inglês George IV. Brummel, que cultivava a elegância sóbria, tornou-se figura emblemática para a moda masculina nas décadas de 1820 e 1830, sendo também conselheiro do futuro rei. De referimento discreto, criou o estilo *dandy*. Aí está um significativo exemplo de subjetividade transformada em moda e posteriormente em estilo.

Os próprios criadores de moda através dos tempos também foram consultores para seus respectivos clientes, sugerindo roupas, complementos e comportamento. Foram, são e serão criadores de conceito, de estilos que serão moda. É o profissional facilitador do arquétipo do gosto vestível e por extensão da moda.

Hoje, no entanto, moda tornou-se plural; o que facilita e ao mesmo tempo dificulta o ato de cobrir o corpo devido às diversas possibilidades de fazê-lo. Não existe mais uma única verdade vestível e sim várias, que se apresentam de acordo com o nicho-alvo; daí as inúmeras possibilidades de estar na moda, amparadas pelas incontáveis oportunidades de se informar por meio dos veículos de comunicação que se tornaram populares no final do século XX e início do XXI.

A moda atualmente ganha o papel de criadora de imagens, criadora de simulacros, criadora e facilitadora das expressões de subjetividade.

É a liberdade de expressão por excelência.

Liberdade com informação e formação.

Nunca até então a moda foi tão subjetiva. Neste caso é a moda gerando modo. É o estilo propriamente dito.

João Braga
Estilista e professor de história da moda do
Centro de Educação em Moda do Senac São Paulo,
da Faculdade Santa Marcelina e da Universidade Anhembi-Morumbi.

Para se alcançar um objetivo,
é preciso perseverança.
Aos meus amados pais,
Cândida e Jarbas, dedico este
livro, por terem sabiamente me
ensinado a viver. À minha
filha, Natascha, que o exemplo
desta dedicação seja o seu
caminho.

Agradecimentos

Meu enorme agradecimento aos profissionais que participaram deste livro.

A Carolina Amaral Furlaneto, gerente da área de Educação em Moda do Senac São Paulo, por ter sido responsável pela minha "união" ao Senac, e a toda a sua querida equipe, em especial a Marta Magri e Wilson Ramalho.

A Lucila Sciotti, diretora da Faculdade Senac de Moda.

A Isabel Alexandre, da Editora Senac São Paulo, pelo carinho e tempo dedicados.

À querida consultora de imagem Marlene Tarbill, pela vasta contribuição a este livro.

A Cristine e Gilberto Svitek, pela inestimável colaboração.

A todos da biblioteca da área de Educação em Moda, que mantém um acervo especializado em moda e atualmente disponibiliza a seus usuários cerca de 3.500 títulos de livros e aproximadamente 6 mil exemplares.

Introdução

> Não se esqueça de que toda pessoa é única, e que não existe estilo certo ou errado. O único estilo errado é aquele que não combina com a pessoa.

Nos meus trinta anos de percurso pelo mundo da moda, deparei-me com pessoas de estilos estranhos e não imaginados de se vestir, e sempre a mesma pergunta vinha à minha cabeça: "Como essa pessoa tem coragem de se vestir dessa maneira, será que não tem um espelho em casa?".

Afinal, criar um estilo é uma forma de estar adequado visualmente no mundo de hoje, e a roupa com certeza é também um diferenciador social.

Comecei então a me interessar em saber o motivo pelo qual algumas pessoas se mostrarem tão perdidas dentro de seu estilo pessoal, e descobri que grande parte não se analisa na hora de se vestir, se baseia nas tendências da moda sem se preocupar se a peça lhe cai bem ou reflete seu modo de ser, o que acaba transmitindo uma imagem insegura e instável.

Na época, era proprietária de uma confecção e percebi que muitas vezes as próprias lojistas não sabiam decifrar a mensagem que cada roupa transmitia e qual o tipo físico apropriado para usá-la. Comecei a orientá-las em como vestir uma pessoa de maneira apropriada ao corpo, ao rosto, à idade, ao modo de pensar; enfim, ter conhecimento do que caía bem à pessoa para chegar a um equilíbrio.

O resultado foi fantástico. As lojistas passaram a vender mais porque os clientes se sentiam confiantes comprando em suas lojas, pois investiam em roupas adequadas aos seus estilos e tipos físicos, o que consequentemente os valorizava.

Passei a tanger valores quanto à imagem corporal e pessoal, e resolvi investir fundo nessa área. À procura de novos conhecimentos, viajei para os Estados Unidos, onde me especializei na área de personal stylist.[1]

Então, o que faz um personal stylist? Como é retratado e qual é o contexto desse trabalho? O que é imprescindível para se ingressar no

---

[1] Personal stylist: consultor pessoal de estilo.

mercado com sucesso? Quem são seus clientes? É uma área de trabalho bem remunerada?

O personal stylist é um consultor de estilo particular, que trabalha com uma clientela seleta e específica. Sua função é indicar o tipo de roupa que fica bem para a pessoa dentro do estilo pessoal dela, conciliando o tipo físico com o "eu" interior, fazendo com que ela se sinta confortável e confiante em suas roupas. O profissional indica que tipo de roupa a pessoa deve usar, mas deixa a decisão final para o cliente; enfim, ele orienta o cliente em como e quando usar determinadas roupas.

A finalidade deste livro é desvendar toda essa área de trabalho e instruir novos profissionais a ingressarem nesse mercado da moda.

Você vai encontrar nas próximas páginas o percurso para descobrir o tipo de roupa que mais se adapta a uma pessoa, quais são os tipos de estilo pessoal, a linguagem das cores, além de aprender a analisar os tipos físicos, adaptar o guarda-roupa ao estilo do cliente e torná-lo funcional. Também há dicas para profissionais que querem trabalhar com artistas; como se tornar um personal shopper, e o depoimento de nove personal stylists.

E não se esqueça de que toda pessoa é única, e que não existe estilo certo ou errado. O único estilo errado é aquele que não combina com a pessoa.

"Nossa imagem externa é nosso mensageiro, uma declaração pública. Alguns disfarces estão fortemente ligados aos nossos medos mais íntimos, e neste caso a roupa funciona como escudo para nos ocultar e proteger."

Gianni Versace[2]
apud Toby Fischer Mirkin, *O código do vestir*.

---

[2] Gianni Versace (1946-1997): Estilista italiano e grande conhecedor da história da arte e do figurino, soube transferir para a moda toda a energia da cultura contemporânea. Reunindo o luxo do renascimento italiano e a velocidade do *sportwear* moderno, foi um dos raros artistas de nosso tempo que trabalharam tanto as madonas bizantinas quanto a *popstar* Madonna. De uma ousadia sem limites, Versace deixou em tudo que fez a marca de seu gênio provocante e inconfundível.

O código da roupa

A imagem visual que você transmite nos primeiros dez segundos a uma pessoa que o vê pela primeira vez é o suficiente para que ela tire todas as conclusões sobre você baseada em sua aparência pessoal.

Estudos indicam que 55% da primeira impressão que as pessoas têm de você é baseada em sua aparência e ações, 38% em seu tom de voz e 7% no que você diz, demonstrando assim que somos criaturas visuais.[3] Nos primeiros dez segundos você estará sendo julgado quanto à classe social, à situação financeira, à personalidade e ao nível de sucesso. Essas impressões ditam como será a interação com a pessoa julgada: se positiva, aceitamo-la, mas, se negativa, a tendência é fechar a porta para ela.

O trabalho de um personal stylist é justamente fazer com que as portas estejam sempre abertas para a pessoa no que se refere à expectativa visual, controlando a mensagem que ela transmite a partir da aparência, analisando a roupa que funciona bem para ela – tanto no trabalho como nas relações pessoais –, adequando o guarda-roupa à imagem que a pessoa quer projetar, usando essa imagem como instrumento de poder.

---

[3] Susan Nanfeldt, *Plus Stile: Guide to Looking Great* (Nova York: Plume Book, 1996), p. 11.

Tudo isso podemos definir como comunicação visual. Enquanto a comunicação verbal ocorre quando falamos, a visual ocorre o tempo inteiro, seja pela roupa que usamos, seja por nossos gestos e expressões. São mensagens que passamos a nosso respeito: docilidade, agressividade, simplicidade, sofisticação ou distanciamento.

Quando uma pessoa quer se transformar, melhorar sua imagem visual ou mesmo quando não sabe o que vestir e como vestir, ela procura a ajuda de um profissional da área, o personal stylist.

Para ser um bom consultor, você precisa, acima de tudo, descobrir os valores da pessoa que está analisando, ou seja, conhecê-la por dentro, pois muitas vezes a imagem que ela tem de si é completamente diferente daquela que os outros fazem dela. Muitas pessoas estão "escondidas" por trás de sua imagem pessoal e têm dificuldades para definir o que querem expressar – por causa disso, o personal stylist acaba tendo que usar um pouco de psicologia.

É importante saber também que, para vestir alguém, é preciso sair de seus valores e ver o outro. No momento de reconstrução da imagem pessoal, devemos pensar em cada cliente como um indivíduo único. Um profissional que resolve modificar totalmente o estilo de uma pessoa do dia para a noite, impondo seu gosto pessoal, faz com que o cliente perca a sua identidade; ele vai se olhar no espelho e ver que não é ele. Uma transformação tem de ser lenta e respeitar o estilo do cliente para que ele assuma sua nova imagem aos poucos, sem correr o risco de passar uma imagem falsa.

Por exemplo, se uma cliente procura por seu trabalho e você nota que ela se parece mais com uma árvore de natal fora de época, mas ela gosta e é feliz assim, é dessa maneira que ela quer ser vista, não adianta tentar convencê-la de que o estilo clássico vai deixá-la mais refinada, pois ela não vai se sentir bem com outro estilo que não seja o dela. O que o profissional deve fazer é ir amenizando aos poucos os excessos, mostrando um caminho mais *clean*.

Às vezes simples modificações na vestimenta conduzem às mensagens mais poderosas.

Para vestir outra pessoa, o profissional deve saber que ele escolherá as roupas para ela, não para sua satisfação pessoal.

Não é porque você adorou uma determinada peça e quer que a pessoa a use, independentemente se ela vai gostar ou não, que está fazendo um bom trabalho – muito pelo contrário. E também não espere que o cliente acate todas as suas vontades: não se esqueça de que o consultor indica a roupa e o cliente escolhe o que ele quer. Ao definir o estilo do cliente, observe se está de acordo com a personalidade que ele apresenta, as preferências, o tipo físico, a coloração da pele, a posição social, as necessidades e até mesmo os locais que frequenta.

Há muito mais por trás da maneira de se vestir, e o personal stylist tem de estar consciente de todos esses códigos da moda para saber vestir as pessoas com segurança. É necessário que o profissional saiba trabalhar usando a linguagem visual e as técnicas, pois usar somente a intuição poderá resultar em um trabalho malsucedido.

"O mundo da moda é visto como um mundo de drogas, *glamour* e grana. Quando dou entrevistas na televisão, faço questão de desmistificar isso, falando firme e sério, e mostrando que a moda emprega milhões de pessoas e gera muito dinheiro."

Alexandre Herchcovitch [4]
Cosac Naify.

---

[4] Alexandre Herchcovitch (1971): Estilista brasileiro. Além de suas coleções de *prêt-a-porter*, exporta suas roupas para diversos países e assina uma linha de joias, uma de lingerie feminina e outra de *underwear* masculino. Dá consultoria para a produção de *jeans* e para jovens estilistas. Já assinou vários figurinos para balé e teatro. Foi o único estilista brasileiro a vestir oficialmente a boneca Barbie. Usa como símbolo de sua marca uma caveira.

Profissão: personal stylist

Há mais de trinta anos, profissionais de moda já desenvolviam o trabalho de personal stylist, principalmente nos Estados Unidos. Não existia um nome específico para essa profissão, o profissional era confundido com consultor de moda. Somente há vinte anos surgiram nomes para esse tipo de trabalho, como personal stylist e consultor de imagem.

E qual a diferença entre personal stylist e consultor de imagem?

O personal stylist é o profissional que tem como objetivo vestir uma pessoa adequadamente, dentro do que a beneficia – biotipo, cores, estilo pessoal, estilo de vida –, ou seja, ele pega o melhor da moda e traduz para o estilo da pessoa, equilibrando a imagem externa com seu interior, nos sentidos psicológico, emocional e físico.

Enquanto o personal stylist se volta mais para a moda, o consultor de imagem, como o próprio nome diz, avalia a imagem geral da pessoa, como pele, cabelo, maquiagem, e também dá dicas de comportamento e etiqueta social.

No Brasil a profissão de personal stylist está começando a desabrochar. Muitas pessoas ainda não sabem quem é esse profissional. Assistindo a um programa de tevê recentemente, após uma entrevistada declarar o que seu personal stylist lhe indicava, uma famosa apresentadora perguntou o que era um personal stylist, e a entrevistada declarou que só vestia o que esse profissional lhe indicava.

Com certeza é uma profissão de muito futuro em nosso país, pois as pessoas ou não têm conhecimento da moda e da maneira pessoal e certa de se vestir ou simplesmente não têm tempo para se dedicar à moda.

Para ser um profissional de verdade, dois pontos são essenciais: gostar de moda e de pessoas. O profissional lida todo o tempo com pessoas dos mais variados tipos. Com certeza o personal stylist tem de ter muita psicologia, pois vai lidar com o ego delas; é ele quem vai modificá-las visualmente, e essa modificação afetará internamente tanto essas pessoas como aquelas que as cercam. O estilo está totalmente ligado ao conteúdo pessoal. A responsabilidade é bem maior do que se imagina.

Dicas para ingressar no mercado com sucesso

É necessário muito estudo, seriedade profissional e atualização constante de conhecimento e informações, tanto nas tendências de moda, aprimoramento e sua evolução, como na maneira de conduzir seu trabalho.

É imprescindível o conhecimento de outros idiomas, principalmente o inglês, e de informática, além de cursos de qualificação profissional. Atualmente há cursos de alta qualidade no Brasil, mas se tiver a oportunidade de fazer cursos fora do país será enriquecedor, tanto curricular quanto culturalmente.

Leia livros da área, utilize-se do mercado virtual de estilo, no qual você encontra facilidade para escolher roupas e pesquisar eletronicamente a moda e para se atualizar sobre as tendências nacionais e internacionais.

Frequente todas as feiras de moda nacionais e internacionais possíveis.

Para adquirir prática, procure um personal stylist experiente e ofereça-se para ser assistente dele. Mesmo que você não tenha lucros financeiros, ganhará muito com a experiência.

Na divulgação de seu trabalho, lembre-se de que essa profissão não combina muito com anúncios em jornais ou revistas. Abaixo estão listadas algumas dicas.

- Tente aparecer na mídia o maior número de vezes possível, seja falando de seu trabalho ou de outro assunto relacionado com moda – isso vai lhe dar projeção e divulgar seu trabalho. Entre em contato com produtores de programas de tevê, editores de revistas da área ou jornais.
- A propaganda boca a boca é uma ótima maneira de divulgação. Se seu cliente ficou feliz com seu trabalho, com certeza vai recomendá-lo para os amigos.

- Faça seu cartão de visita. Você sempre terá oportunidade de encontrar pessoas interessantes para sua área profissional.
- Crie um site divulgando seu trabalho.
- Construa uma imagem forte – o mercado sempre paga bem a quem tem valor.

Você pode desenvolver trabalhos paralelos dentro dessa profissão, como:

- Dar palestras em empresas para secretárias, executivos e executivas. É importante para esses profissionais a credibilidade que a boa imagem traz.
- Treinar vendedores e gerentes de lojas para que eles saibam assessorar o cliente.
- Orientar lojistas na compra de peças para compor a coleção da loja, facilitando ao consumidor montar o guarda-roupa da estação.
- Ministrar cursos na área.
- Realizar consultorias direcionadas a noivas, orientando-as na escolha do vestido.

Como é orçado o trabalho do personal stylist?

Como toda profissão, varia muito de profissional para profissional, de seu nome no mercado, da qualidade e do tipo de serviço.

O público-alvo são pessoas financeiramente bem posicionadas, mas é preciso analisar bem o trabalho que será desenvolvido com o cliente antes de dar o orçamento, pois tudo é levado em conta. Há diferença entre um cliente e outro – por exemplo, entre o cliente normal, que apenas quer se vestir bem, e o artista, que lida 24 horas com a imagem, e precisa de um trabalho completo, ou seja, looks para o dia a dia, festas, *shows*, aparições públicas, etc. É preciso coerência para orçar, sabendo calcular o tempo que vai levar para organizar e executar o serviço.

O orçamento também varia pelo tempo e itens a serem trabalhados e analisados, como entre o pacote completo, que engloba análise de estilo, cores, biotipo, e o planejamento do guarda-roupa. Se o cliente optar por apenas alguns itens, é estipulado um valor para cada trabalho.

A consultoria para compras e planejamento de guarda-roupa é cobrada por hora ou pode ser negociada dentro do pacote completo, caso essa seja a opção do cliente.

É difícil rotular preços de consultoria, pois não há valor definido no mercado, dependerá do conhecimento do profissional.

É preciso deixar claro ao cliente os serviços a serem prestados; de preferência redija um contrato para que as condições de trabalho e de pagamento fiquem claras.

Alguns clientes costumam fazer manutenção a cada estação, outros a cada ano. Como já foi analisado o biotipo, estilo pessoal, cores, etc., o trabalho será o de manutenção do guarda-roupa e o de compras, adicionando peças da nova estação.

O segmento masculino é menos abrangente do que o feminino, mas a cada dia cresce o interesse dos homens em se vestirem bem e de acordo com seu ambiente social.

Elaborar o orçamento e fazer o caixa mensal fica mais fácil se você entender um pouco de finanças; caso contrário, contrate um contador.

"Chic é a pessoa que faz o melhor depoimento sobre sua identidade, e apresenta seu estilo de maneira mais refinada, mais apurada, mais clara. Ela é chic quando interioriza todas as regras do bem-vestir e do conviver, de maneira natural, sem esforços e sem sobressaltos [...] sabe usar um básico de forma criativa, enfrenta uma noite de gala com naturalidade [...] Tudo que faz e veste se parece com ela e com sua vida [...] ela tem o melhor estilo. Por isso é chic. Às vezes por extrema simplicidade. Outras, pelo requinte e sofisticação."

Gloria Kalil[5]
Chic: um guia básico de moda e estilo.

---

[5] Gloria Kalil: Paulistana, consultora de moda e empresária, Gloria tem uma longa trajetória no mundo da moda. Publicou pela Editora Senac São Paulo os livros *Chic: um guia básico de moda e estilo* e *Chic homem: manual de moda e estilo*. É membro da Academia Brasileira de Moda desde 1999.

Estilo pessoal

A palavra-chave para o estilo pessoal é fazer dele pessoal – o estilo é a extensão da pessoa.

É dever do personal stylist descobrir o estilo do cliente e conciliar ao mesmo tempo o tipo físico e o eu interior dele, fazendo com que se sinta mais confortável e confiante em suas roupas e expressando com autenticidade seu verdadeiro eu.

É importante também saber quando a roupa está adequada à ocasião, ter senso do momento e saber atingir o estilo pessoal distinto do cliente, pois a pessoa que se veste com estilo diferente a cada vez transmite uma imagem insegura.

Toda pessoa tem um estilo pessoal baseado em sua história de vida, profissão, idade, local onde mora, biotipo, *hobby* e posição social.

Estilo e moda são duas coisas distintas. A moda é o reflexo da cultura do momento, são as tendências difundidas pelos estilistas em todo o mundo. O estilo é a expressão pessoal de quem somos, a expressão do caráter, a relação com o mundo à nossa volta; tem conteúdo pessoal, pois tiramos da moda somente aquilo com o que nos identificamos. O estilo pessoal reflete na roupa as mudanças que se passam em nossas vidas. O profissional deve selecionar, dentro das tendências da moda, aquilo que tem a ver com o estilo pessoal do cliente.

Há pessoas que são vítimas da moda, escravas de marcas e tendências, perdendo a criatividade e o estilo pessoal. Hoje o modo de usar a roupa é bem mais importante do que a grife dela.

Para saber desenvolver o estilo pessoal, é preciso estar atento às tendências de moda, como assistir a desfiles nacionais e internacionais – a tevê a cabo facilita muito, pois você pode ver diariamente desfiles de criadores de moda de todo o mundo.

Consiga convites para desfiles como o São Paulo Fashion Week; leia revistas de moda – vá à biblioteca de moda, onde terá todos os exemplares nacionais e importados do mês, e consulte livros da área; percorra as vitrines das lojas que se destacam na moda, acompanhe todas as matérias que forem publicadas referentes à moda. Utilizar-se da internet para se informar das tendências nacionais e internacionais é uma ferramenta a mais. Outra dica é reparar no tipo de roupa que as pessoas usam em diferentes locais: shopping center, parque, festa, entre outros eventos.

O primeiro passo para um profissional definir o estilo de um cliente é analisar o estilo de vida que ele leva.

Vamos considerar como exemplo duas mulheres que influenciaram o mundo com seu estilo de vestir: Jacqueline Kennedy Onassis e Madonna. Você pode imaginar uma usando as roupas da outra? Jackie não poderia ser a mesma pessoa usando uma roupa selvagem e, ao mesmo tempo, Madonna é um verdadeiro camaleão, capaz de encarnar qualquer estilo, como no filme *Evita*.

Essas mulheres possuem estilos completamente diferentes de vida e a maneira de se vestirem é o reflexo da personalidade de cada uma delas, é como querem ser interpretadas pelas outras pessoas, o que é projetado pela roupa.

Vidas diferentes, estilos diferentes. Por isso o profissional tem de ser muito detalhista ao analisar o estilo de seu cliente, e há mais: geralmente as pessoas têm dois ou até três estilos pessoais, sendo que um é predominante. Os estilos se misturam. Por exemplo, o estilo predominante é o esportivo, mas para uma noite de gala na ópera do municipal, o estilo é o elegante, pois a roupa tem de estar condizente com o ambiente.

É preciso que você conheça os hábitos e atitudes de seu cliente para chegar ao estilo pessoal. Comece fazendo um levantamento sobre a vida dele.

1. Qual a profissão? Como é o ambiente de trabalho?
2. Pratica algum esporte? Tem algum *hobby*? Como é a vida social? Que tipo de lugares costuma frequentar? Como costuma ser o fim de semana? Que tipo de viagem faz e com que frequência?
3. Quais são as cores preferidas? Onde costuma comprar roupas e por que as compra lá? Qual a roupa preferida? Gosta de acessórios? Quais? Que tipo de roupa nunca usaria?
4. Qual a idade? Qual parte do corpo mais gosta, e a que menos gosta? Como é o temperamento?
5. Como quer ser visto pelas outras pessoas? Tem um objetivo especial para estar procurando um profissional?

Alguns clientes procuram o profissional de moda para traçar um perfil ideal de estilo para sua profissão, pois a imagem visual correta no trabalho influencia positivamente nas interações dos negócios, trazendo confiança tanto para quem a está usando quanto para os superiores e colegas de trabalho.

Grande número de executivas procura o serviço de um personal stylist, pois com frequência estão ocupadas demais com o trabalho para se dedicar ao guarda-roupa.

O profissional tem de saber, em primeiro lugar, como o cliente quer ser visto e o tipo de trabalho que exerce. Por exemplo, se a cliente se encaixa dentro de uma atividade formal, como advogada de uma multinacional ou executiva de um banco, ela necessita passar, pela roupa, a imagem de uma pessoa decidida, séria e competente; que combina com roupas clássicas de ótima qualidade. Se a área da cliente for ligada a vendas ou docência, a mensagem será de uma pessoa bem informada, confiante, acessível, com roupas de estilo esportivo com toque conservador. Uma área informal como a de criação (artes, moda, propaganda) pede uma imagem criativa, extrovertida, comunicativa, com roupas e acessórios de visual *fashion*.

Peça aos clientes para responderem ao questionário; isso vai auxiliar você a encontrar o estilo pessoal que mais se adapta a cada um deles.

Questionário – estilo pessoal

1. **Descreva sua personalidade**

a – Informal, saudável, direta, energética, amiga, espontânea, engraçada, despretensiosa, alegre, extrovertida, ativa, franca, atenciosa.

b – Exigente, perspicaz, conservadora, refinada, eficiente, elegante, respeitável, reservada, contida, culta, educada, segura, bem-sucedida.

c – Feminina, charmosa, meiga, delicada, gentil, compassiva, atenciosa, suave.

d – Glamourosa, carismática, corajosa, excitante, sensual, segura, exuberante, poderosa.

e – Distante, sofisticada, firme, contemporânea, moderna, segura, objetiva.

f – Conservadora, reservada, responsável, idônea, honesta, séria, organizada, sensata.

g – Inovadora, artística, criativa, exótica, étnica, aventureira, autoconfiante.

2. **Qual seu tipo de roupa preferido?**

a – Roupas que funcionam como uma segunda pele; roupas práticas de cuidar e de usar.

b – Roupas com poucos detalhes, discretas, mas de tecidos luxuosos com toques refinados.

c – Roupas leves e delicadas com detalhes de renda, laços, babados, de cores suaves.

d – Roupas com estampa animal, detalhes com fenda, tecidos que marcam o corpo.

e – Roupas estruturadas, com contrastes fortes (preto e branco/preto e vermelho), estampas geométricas, alfaiataria masculina.

f – Roupas que não modelam o corpo; fluídas; estampas miúdas e discretas; cores neutras, sólidas.

g – Adora um mix na hora de se vestir; gosta de misturar cores, formas, estampas e estilos.

Estilo pessoal

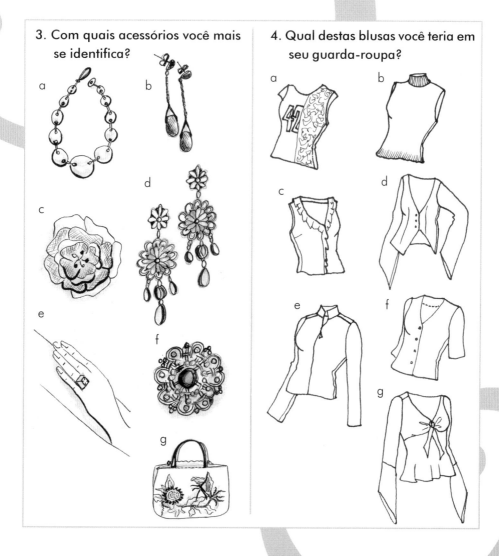

3. Com quais acessórios você mais se identifica?

4. Qual destas blusas você teria em seu guarda-roupa?

5. Qual dos sapatos é seu favorito?

6. Qual é sua bolsa preferida?

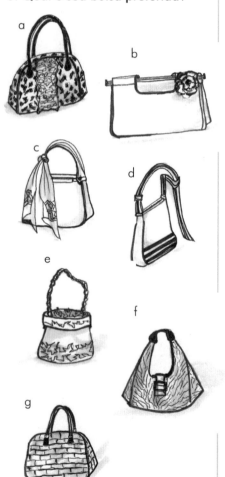

Estilo pessoal

7. Escolha o look que mais se adapta a você.

a

Personal stylist

b

Estilo pessoal

C

50 — Personal stylist

d

| Estilo pessoal | 51 |

e

f

Estilo pessoal

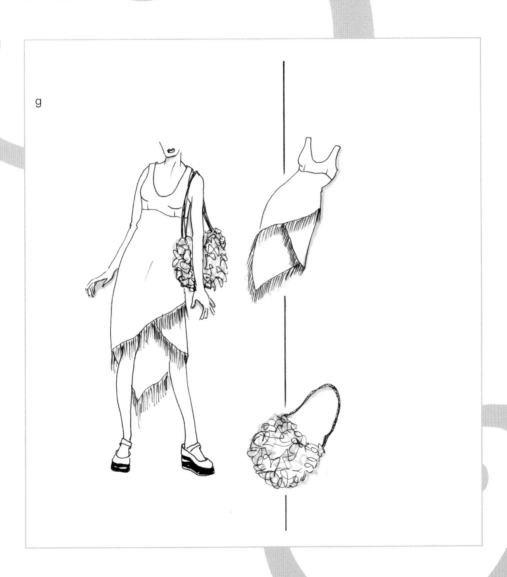

g

8. Se você fosse comprar um relógio novo, qual modelo escolheria?

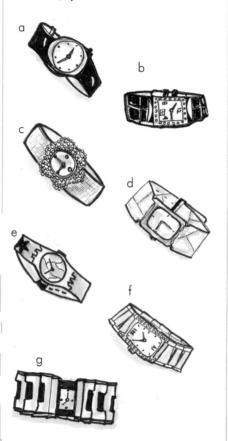

9. Qual o modelo de óculos preferido?

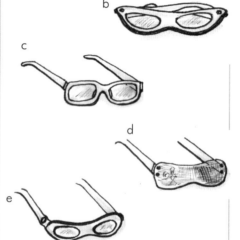

Agora veja o resultado do teste.

Se a maioria das respostas foi:

a - Seu estilo predominante é o esportivo.

b - Seu estilo predominante é o elegante.

c - Seu estilo predominante é o romântico.

d - Seu estilo predominante é o sexy.

e - Seu estilo predominante é o dramático (moderno).

f - Seu estilo predominante é o tradicional.

g - Seu estilo predominante é o criativo.

"Misturo alfaiataria com *jeans*, *t-shirt* com social. Moda reflete o comportamento das pessoas, e nunca se viu tanta liberdade de misturar tendências."

Ricardo Almeida[6]
Vogue 58 estilistas, edição especial.

---

[6] Ricardo Almeida: Estilista, considerado um dos maiores nomes da moda brasileira quando o assunto é elegância masculina. Iniciou sua carreira nos anos 1970, e hoje sua grife é responsável pelos ternos de nosso ex-presidente, Luiz Inácio Lula da Silva.

Tipos de estilo

Para o profissional encontrar a roupa ideal para seu cliente, cinco itens devem ser analisados.

1. Personalidade: identifique-a; e saiba como a pessoa quer ser projetada perante os outros.
2. Tipo de vida: o que a pessoa faz em geral, e as roupas que precisa para tais atividades.
3. Cores: as que realçam mais as melhores características da pessoa.
4. Corpo: as partes do corpo que mais favorecem a pessoa devem estar em evidência, e as que menos favorecem devem ser escondidas.
5. Estilo de roupa: o estilo que mais favorecerá a pessoa.
6. *Dress code* empresarial: roupa adequada ao trabalho.

Não existe estilo errado, apenas o que não combina com a pessoa.

Existem sete estilos diferentes de se vestir.

> esportivo ou natural   elegante   tradicional
>
>   romântico   sexy   criativo
>
>   dramático (moderno)

Existe uma vizinhança entre os estilos.

> tradicional – vizinho: elegante
>
> elegante – vizinho: tradicional/dramático (moderno)

Os estilos esportivo, sexy e romântico são avulsos, ou seja, não têm vizinhança.

> dramático (moderno) – vizinho: elegante e criativo
>
> criativo – vizinho: dramático (moderno)

Os estilos esportivo, elegante e tradicional são denominados clássicos por serem convencionais e eternos. São ideais para criar e coordenar o guarda-roupa.

Estilo tradicional

O estilo tradicional invoca respeito, deixando as pessoas que o usam com ar formal, por ser muito sério e rígido. As pessoas que seguem esse estilo são tradicionais em relação à imagem e à aparência e não seguem a moda.

A mulher tradicional é muito recatada e preconceituosa na maneira de se vestir. Mesmo no verão é incapaz de usar blusa com uma leve transparência ou um decote ligeiramente pronunciado. É o visual aceito universalmente no meio profissional, pois, além de transmitir um ar conservador, é um visual maduro, passando confiabilidade para aqueles que a cercam.

A desvantagem desse estilo é que anos passam e você tem a impressão que a pessoa sempre está igual, com uma aparência monótona e antiquada, além de parecer formal e cerimonioso para ocasiões casuais.

Personalidade

- conservadora, séria, contida
- profissional, responsável, formal
- eficiente, organizada
- sensata, confiável
- idônea

Silhueta

- retângulo

Profissões

- estilo ideal para atividades no governo, na educação e nos negócios

Personal stylist

Preferências

- roupas fluidas que não modelem o corpo
- cores sólidas, estampas miúdas e discretas
- tecidos como lã, seda e jérsei
- colares de pérola verdadeira
- maquiagem e cabelos discretos
- segue o padrão clássico e estruturado
- visual composto de duas a três cores no máximo, neutros, opacos ou claros

Guarda-roupa

- costumes, saias, calças, escarpins, sempre seguindo a linha clássica, com poucos detalhes e linhas retas
- colar e brinco de pérola
- bijuterias muito discretas
- *twin-set* clássico (cardigã + blusa)

Estilo elegante

A pessoa que segue o estilo elegante é impecável na aparência, nunca está de mais nem de menos, nem segue modismos. Passa uma imagem refinada, chique, que pode chegar a intimidar os outros por sua austeridade. Gosta de investir em peças bonitas, duráveis e, sobretudo, de boa qualidade.

É um estilo apropriado para qualquer ocasião, principalmente para atividades formais e proeminentes.

Personalidade

- segura, de opinião firme
- sofisticada, imponente, formal, reservada
- exigente
- respeitada, bem-sucedida
- preparada

Silhueta

- ampulheta alongada

Profissões

- executivas, diplomadas, qualquer profissão que precise de poder

Tipos de estilo

Preferências

- linha mais *clean*, roupas com poucos detalhes, e que combinem entre si
- roupas de boa qualidade e atemporais, não seguem a moda passageira
- roupas suavemente estruturadas, com corte e caimento perfeitos
- tecidos sofisticados, fluidos; fibras naturais de qualidade
- maquiagem conservadora
- cores monocromáticas; tom sobre tom; cores neutras e discretas, claras ou escuras
- estampas de motivos abstratos

Guarda-roupa

- mantôs
- grifes de estilo Chanel; combinações luxuosas nos conjuntos
- roupas de tricô
- joias verdadeiras ou bijuterias finas com pedras semipreciosas
- corte e caimento perfeito

Estilo dramático (moderno)

É a mulher urbana, que herda a sofisticação e o luxo do estilo elegante e acrescenta ousadia. A imagem que a pessoa de estilo dramático (moderno) nos passa é de alguém distante, ao mesmo tempo sofisticada, com visual cosmopolita. Esse estilo sugere uma silhueta de triângulo invertido. Um elegante exagerado pode ser a definição do estilo dramático.

É um visual moderno, que chama a atenção; pode parecer muito sofisticado para profissões conservadoras e para o dia a dia. A roupa funciona como uma armadura que envolve o corpo, transmite uma imagem forte, poderosa, que acaba intimidando por ser um visual pesado.

Personalidade

- distante
- sofisticada, chique, atraente
- segura, moderna
- gosta de ser o centro das atenções
- firme, severa
- contemporânea

Silhueta

- triângulo invertido ou retângulo estreito

Profissões

- consultoras de imagem, personal stylists

Preferências

- roupas estruturadas, com ombreiras, arquiteturais
- cores fortes no contraste como preto e branco, preto e vermelho, preto e amarelo ou com visual de apenas uma cor
- cores sólidas ou luminosas com intensidade
- tecidos de tramas fechadas
- estampas exageradas, de bolas grandes, geométricas ou abstratas
- roupas com formato de triângulo invertido e golas exageradas
- roupas de alfaiataria masculina

Guarda-roupa

- sapatos de bico quadrado de plataforma
- acessórios grandes
- roupas de couro
- bolsas grandes que fazem uma leitura do estilo

Estilo criativo

Para a mulher criativa, a moda é arte. Ela faz de suas roupas e acessórios uma declaração artística, herda do moderno a extravagância, mas, no caso do criativo, sem limites. É o estilo em que vale tudo; mistura, inova, não segue regras do vestuário; não existe o certo ou o errado, valem até roupas do armário da vovó. Toda roupa étnica, na verdade, é criativa.

A pessoa que tem esse estilo não se importa com o que os outros pensam dela, pois a forma de expressão é mais importante. Para o conservador é um estilo conflitante.

O que mais caracteriza o estilo é a mistura, o mix.

A pessoa criativa não tem censura na maneira de se vestir, ela se expressa de maneira imaginativa, anticonvencional. Muda o estilo de um dia para o outro. Tem de ter muita autoconfiança para fugir dos padrões.

É um estilo de referência para quem trabalha com arte, moda e publicidade. Não se encaixa em profissões conservadoras.

Personalidade

- inovadora, original
- artística
- exótica
- autoconfiante
- criativa
- étnica
- aventureira

Silhueta

- qualquer silhueta

Profissões

- artistas plásticas, produtoras de moda, cabeleireiras, estilistas

Tipos de estilo | 71

Preferências

- cores terrosas, néon ou ousadamente sóbrias; visual de uma ou várias cores
- acessórios rústicos, étnicos
- roupas e acessórios antigos
- roupas feitas com tecidos de tapeçaria
- estampas japonesas, estampas de peles de animais
- tecidos pintados manualmente
- mistura eclética de tecidos e *designs*
- roupas customizadas

Guarda-roupa

- O guarda-roupa da mulher criativa é um mix de peças de arquiteturas exageradas e cores contrastantes, misturadas a peças de toque clássico e antigo.

Estilo esportivo ou natural

Quem segue o estilo esportivo não consome tempo com vaidades; esse estilo está ligado a praticidade, ou seja, é prático para usar e cuidar. A limitação desse estilo está nas ocasiões formais e nas profissões ultraconservadoras.

Podemos dividir o estilo esportivo em dois:

1. Natural: ausência total da vaidade.
2. Estilo esportivo: praticidade e conforto com estilo

Personalidade

- espontânea, direta, comunicativa
- casual, básica, informal
- ativa, energética, saudável
- alegre, engraçada, juvenil, amigável, despreocupada

Silhueta

- retângulo alargado

Profissões

- fotógrafas, professoras, engenheiras; enfim, qualquer profissão que peça conforto

74 | Personal stylist

Preferências

- roupas confortáveis que não apertam – a roupa funciona como segunda pele
- roupas despojadas e alegres
- roupas funcionais com *design* esportivo
- detalhes como bolsos, zíperes e galões
- tecidos naturais de fácil cuidado e duráveis; tecidos opacos
- acessórios simples, funcionais e de fácil combinação com as roupas, como couro ou na cor preta
- bolsas grandes e práticas
- cabelo com corte prático, fácil de pentear
- nenhuma ou o mínimo de maquiagem
- cores vivas, neutras e tons terrosos; com três ou quatro cores no visual, muito marinho e azul-*jeans*
- sapato de salto baixo ou de plataforma
- domina o casual look
- roupa listrada ou xadrez

Guarda-roupa

- jaquetas, camisetas
- calça, camisa, saia de *jeans*
- roupas estilo polo
- suéter e pulôver
- botas de salto grosso e baixo, acessórios da cor natural do couro, mochila
- moletom

Estilo romântico

A mulher romântica resgata toda a graça, delicadeza e feminilidade de outros tempos em sua roupa, beleza é sua teoria. Tem aparência delicada, fresca.

Pode parecer fragilizada perante os outros, principalmente em situações de trabalho. Atividades ligadas ao lar, à comunidade e aos cuidados com pessoas são as mais indicadas ao estilo, mas ao mesmo tempo parece muito gentil para profissões tradicionais.

Personalidade

- extremamente feminina
- distinta-refinada
- delicada, gentil, romântica
- juvenil
- fragilizada

Silhueta

- ampulheta larga

Profissões

- terapeutas, professoras infantis, assistentes sociais

Tipos de estilo

Preferências

- roupa com formato e textura delicados
- itens como rendas, laços, fitas
- estampas florais, texturas delicadas
- cores sutis, leves, sem contraste; cores monocromáticas ou análogas
- roupas e sapatos de linhas arredondadas, roupas estilo princesa
- flor na lapela, fivelas, faixas no cabelo
- cabelos cacheados, curtos ou longos

Guarda-roupa

- acessórios como camafeu, pérolas, marcassita, joias e bijuterias antigas
- sapatos com laço ou tipo bailarina
- bolsas pequenas e macias, de formato arredondado
- vestidos e saias leves, fluidos, de estampas florais em tons pastel
- roupas em crochê

Estilo sexy

É uma mulher carismática, exuberante, muito atenta ao corpo e aos efeitos que causam nos homens. Tudo que revela o corpo faz parte do seu guarda-roupa. É um estilo ideal para a noite. A mulher sexy nasceu para brilhar, mas ela precisa ser segura de si e ter uma boa dose de bom senso.

Personalidade

- corajosa, confiante
- provocativa, desinibida
- excitante
- glamourosa
- sensual
- carismática

Silhueta

- ampulheta

Profissões

- modelos, hostess, cantoras, atrizes, apresentadoras

80 | Personal stylist

Preferências

- segue tendências internacionais de moda
- tecidos que marcam o corpo
- decotes, fendas, linhas reveladoras
- tecidos transparentes, com brilho
- cores chamativas, ousadas; cores principais: vermelho e preto
- visual de uma a duas cores, geralmente quebrando a cor na cintura
- estampa de pele de animal como cobra, tigre, etc.
- cabelos compridos, soltos
- maquiagem forte

Guarda-roupa

- calça de couro justa
- sapato de salto bem alto, botas e sandálias com tiras trançadas nas pernas
- bijuterias, em pontos estratégicos, como pulseira no tornozelo; brincos de argola, braceletes, várias pulseiras de argola usadas no mesmo braço, brincos grandes, principalmente em strass

"Vestir uma mulher não é cobri-la com ornamentos, mas sim sublinhar o significado de seu corpo e realçá--lo, envolver a natureza em um contorno capaz de acentuar sua graça."

Paul Poiret[7]
apud Fernanda Queiroz, Os estilistas.
Coleção O mundo da moda.

---

[7] Paul Poiret (1879-1944): Estilista francês considerado um dos maiores destaques do estilo *Belle Époque*. Foi responsável, em 1906, por afrouxar a silhueta formal da moda e obter uma forma mais confortável.

Tipo físico

As formas do corpo variam de pessoa para pessoa; duas pessoas podem usar o mesmo número de roupa, mas ter formato de corpo diferente, pois além da variedade de etnia há a miscigenação, e não se esqueça de que as formas do corpo de uma pessoa mudam conforme avança a idade; por tudo isso, o que cai como uma luva para uma pessoa pode não dar certo para outra.

Para saber o que cai bem para seu cliente, analise detalhadamente seu tipo físico e lembre-se sempre de valorizar o que ele tem de bonito e esconder as partes do corpo que não o beneficiam.

Para facilitar o trabalho, faça uma lista das partes do corpo do cliente que são valorizadas e as que precisam ser disfarçadas. Fica prático para o profissional concluir o que precisa alongar, encurtar ou esconder.

Use roupas e acessórios como ferramenta. Assim, pelo recurso da roupa correta, você disfarça prováveis insatisfações referentes ao físico.

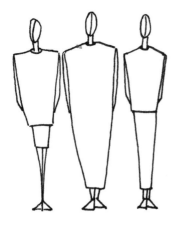

Gloria Kalil define bem o jogo das proporções: "O curto deve alongar; o longo deve esticar para os lados; o estreito pede mais volume; o avantajado precisa esconder-se".[8]

É necessário que você experimente roupas de diversas grifes para encontrar qual cai melhor em seu cliente, pois a modelagem varia bastante de uma confecção para outra, e é papel do profissional descobrir qual tem o melhor caimento. Quando houver dúvidas a respeito do número correto do manequim, faça com que o cliente experimente um número maior e um menor para avaliar precisamente o tamanho.

Depois de escolher a roupa correta para o tipo físico, pode-se criar a ilusão de um corpo proporcional.

Use adequadamente cores e tecidos. Cores escuras e tecidos molengos emagrecem, enquanto cores claras, brilhantes e quentes, e tecidos que armam, fofos e peludos deixam o corpo mais volumoso.

Lembre-se de que é muito difícil encontrar uma pessoa com formas perfeitas. Devemos, portanto, descobrir a roupa correta para o cliente, criando a figura ideal, que é basicamente uma ilusão de óptica.

---

[8] Gloria Kalil, *Chic: um guia básico de moda e estilo*, cit., p. 33.

Para avaliar o tipo físico de sua cliente, identifique qual o formato de corpo que mais se adapta a ela:

Ampulheta

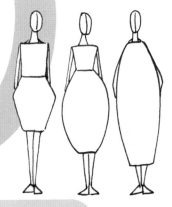

Silhueta

- ombros e quadril da mesma largura
- cintura bem definida
- costas largas
- coxa volumosa

Objetivo

- minimizar a coxa
- valorizar a cintura fina
- disfarçar o busto para não parecer muito volumoso
- se a mulher for esbelta e tiver altura mediana, poderá usar quase todos os tipos de roupa, pois fica fácil valorizar o tipo físico. Se estiver acima do peso, tenha prudência quanto ao tipo de roupa que usará

Abuse de

- calças de corte reto e cintura baixa
- vestido tipo envelope trespassado ou justo (não agarrado) e levemente acinturado
- linhas verticais
- saias fluidas evasê ou justas (não exagere!). Decida de acordo com o estilo pessoal
- blazers e blusas acinturados sem colorir o quadril e o bumbum

Evite

- malhas de tricô volumosas, ou roupas com muito volume que esconda as formas, principalmente a cintura
- linhas horizontais
- estampas na altura do busto ou coxa
- ombreiras
- casacos amplos de corte quadrado
- vestidos largos de corte reto

Triângulo invertido

Silhueta

- muito busto
- ombros largos
- quadril estreito
- pernas finas

Objetivo

- balancear o volume entre os ombros e o quadril

Abuse de

- manga raglã ou cava americana
- saia evasê rodada ou reta
- camisas (mais decotadas)
- *twin-set*
- cores escuras na parte de cima
- blusas de linhas simples
- blusas modelo *cachê-coeur*

- calça de boca mais aberta
- saias ou calças com volume na parte de baixo. As pantalonas são grandes aliadas
- vestidos acinturados por pences
- minissaia

Evite

- blusas de tecido volumoso com muitos detalhes na altura do busto ou de linhas horizontais
- blusas ou jaquetas curtas, acinturadas ou não
- calças justas de boca afunilada
- ombreiras
- mangas de ombros caídos
- mangas bufantes
- saias e vestidos justos e afunilados
- blusas de decote canoa, frente única e tomara que caia

Triângulo

Silhueta

- quadril e coxas mais acentuados do que os ombros
- ombros estreitos
- quadril largo, coxas volumosas

Objetivo

- esconder o quadril largo e a coxa volumosa e aumentar a largura dos ombros. Chamar atenção para a parte de cima do corpo para chegar a um equilíbrio

Abuse de

- golas volumosas e cheias de detalhes
- mangas de ombros caídos
- linhas horizontais que saiam do ombro (decote canoa) ou detalhes no ombro
- colares e brincos que chamam atenção para a parte superior do corpo
- ombreiras discretas
- saias e calças secas de cores escuras e corte reto (não muito justo)
- parte superior da roupa de cor clara, colorida ou estampada, parte de baixo escura

- mangas com volume
- blusas e camisetas coloridas
- saias e vestidos evasê
- tricô sequinho
- camisa acinturada
- casacos de corte reto ou acinturados
- cintos na altura da cintura
- vestidos de largura média que marcam a cintura

Evite

- calça *cigarette* ou *stretch*
- detalhes na altura dos quadris como bolsas, bordados, babados, etc.
- calças com pregas
- cintos largos ou muito fininhos jogados nos quadris
- blusas ou vestidos de alças finas
- casacos e jaquetas na altura do quadril de corte quadrado
- saias e vestidos rodados, tipo godê ou com pregas
- minissaia curtíssima
- manga raglã
- parte de cima da roupa com cores escuras sendo a parte de baixo clara

Retângulo

Silhueta

- cintura não definida
- harmonia entre as medidas do ombro e do quadril
- braços e pernas finos em relação ao corpo
- poucas curvas

Objetivo

- criar a ilusão de uma falsa cintura

Abuse de

- looks acromáticos
- vestido de cintura baixa
- cardigã longo, ligeiramente marcado na cintura
- calças com pregas
- calça boca de sino
- blusas e camisetas levemente acinturadas por pences
- detalhe de pence em camisas e camisetas

- casacos e jaquetas acinturados e ajustados por pences na altura do joelho ou do quadril
- detalhes verticais como zíperes e pespontos
- blusas com decote em V ou U
- vestidos com recortes que afinem a silhueta
- cintos usados de forma diagonal ou deslocados
- tricô de malha fina ou acinturada
- calça pantalona

Evite

- camisas ou camisetas largas ou retas, curtas ou compridas
- golas altas
- cintos de tons claros
- casacos e jaquetas de corte reto e nunca usados com cinto
- jaquetas curtas
- blusa de lã com pontos grossos e largos
- vestidos de corte reto

Oval

Silhueta

- look de formas arredondadas
- volume nos quadris, cintura e busto, com barriga proeminente

Objetivo

- criar uma linha que alonga
- chamar atenção para o rosto e os ombros

Abuse de

- cardigã e casacos abaixo do quadril de corte e caimento retos
- vestido de cintura baixa ou com corte na diagonal
- listras verticais ou diagonais, pences ou recortes
- calças de corte reto, com o comprimento tocando o peito do pé
- roupas de cores escuras
- roupas do tamanho certo, nem largas nem justas
- decotes em V ou U
- abuse de mangas ¾ mais largas
- blusas e vestidos de alças largas

- roupas sem muitos detalhes
- *twin-set* – lembre-se de que o ideal é que a bainha esteja abaixo do quadril
- saia reta ou ligeiramente evasê

Evite

- calça de cintura baixa e com muitos detalhes
- boca de calça afunilada ou larga demais
- roupas claras com brilho
- calças *fuseau* ou *stretch*
- calça com prega
- roupas que deixam a barriga de fora
- gola tipo rolê, ou echarpes justas ao pescoço
- blusas, camisetas muito largas
- blusas ou vestidos de alças finas
- listras horizontais
- colar tipo coleira ou de muitas voltas
- jaqueta curta de corte quadrado
- tecidos volumosos
- vestido ou saia justa
- saia rodada
- vestido com recorte abaixo do busto
- vestido ou saia justa afunilada
- pregas, babados e drapeados
- blusa por dentro da calça
- cintos e faixas que marquem a cintura

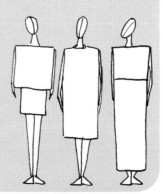

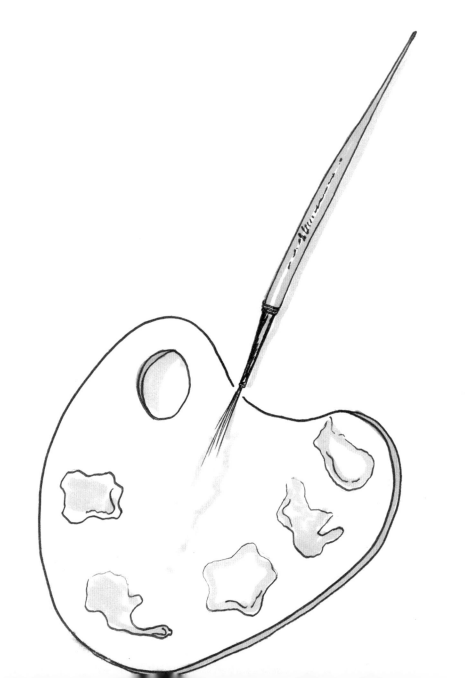

> "O preto é o início de tudo, o ponto de partida, a silhueta, o recipiente e depois o conteúdo. Sem as suas sombras, o seu relevo e a sua proteção, parecer-me-ia que as outras cores não existem. O preto é ao mesmo tempo a soma de todas as cores. É volúvel, cambiante, nunca é o mesmo."
>
> *Christian Lacroix*[9]
> apud Charlotte Seeling, Moda: o século dos estilistas.

---

[9] Christian Lacroix (1951): Estilista francês. Apoiou-se no passado, construindo estilos e referências de diversas épocas, revirando todas as regras já estabelecidas pela evolução da moda. Criou coleções desconcertantes, nas quais predominavam o luxo, a fantasia e principalmente toda sua audácia.

A magia das cores

A cor é mensageiro poderoso na comunicação da moda, além de ser um item importantíssimo no efeito da imagem pessoal, pois a cor exerce força psicológica e física. Ela interfere na sua imagem perante as pessoas, e representa a maneira como nos sentimos.

A cor tem o poder de estimular, tranquilizar, deprimir, atrair ou repelir; ela pode nos trazer poder, prazer e sofisticação.

Coloração pessoal: uma nova dimensão

O pintor suíço Johannes Itten, ao observar seus alunos, constatou que eles tendiam a usar nas pinturas cores semelhantes às de sua coloração pessoal (pele, olhos e cabelo). Criou então uma teoria na qual a pessoa deveria usar no seu vestuário cores que repetissem e valorizassem sua coloração.[10]

Suzanne Caygill, estilista de São Francisco, Califórnia, usou há cerca de sessenta anos a teoria de Johannes na moda, organizando as cores em

---

[10] Johannes Itten (1888-1967): Artista, pedagogo e professor de Bauhaus (1919-1923). Foi diretor da Escola e do Museu de Artes Decorativas de Zurique (1938-1954). Estudou o poder expressivo das cores.

quatro grupos básicos, que denominou de primavera, verão, outono e inverno. Assim nasceu a paleta sazonal. Mas o assunto só ganhou o grande público com a publicação de *Color me Beautiful*, de Carole Jackson, que se tornou um *best seller* e deu margem a outros lançamentos e outras teorias além da paleta sazonal.[11]

Quando a pessoa usa a cor que se harmoniza com a sua coloração, a aparência se torna mais iluminada, saudável, rejuvenescida; caso contrário, quando as cores são usadas de maneira incorreta, a pessoa vai aparentar cansaço, envelhecimento e se tornar apagada.

A fim de encontrar as cores que harmonizam com a coloração pessoal, é necessário que a pessoa passe por uma análise. O(a) analista faz uma seleção cuidadosa das cores que a pessoa deve usar.

As cores não são selecionadas pela preferência dos analistas. Somente a pessoa analisada pode ditar as cores certas para ela. Quando a cor é testada e cria uma mudança na coloração do analisado, é imediatamente descartada. Certas cores podem fazer a pessoa parecer literalmente amarela, verde ou cinza, e consequentemente sabotar a aparência dela. Os analistas foram cuidadosamente treinados para avaliarem essas mudanças.

Há métodos diferentes de análise de cores além da paleta sazonal. O importante é que a intensidade, o valor e o subtom das cores sejam os mesmos da coloração da pessoa que as usa.

---

[11] Carole Jackson, *Color me Beautiful* (Nova York: Ballantine Books, 1988).

A coloração pessoal é avaliada a partir do tom da pele, da cor dos cabelos e da cor dos olhos. As variações da cor da pele variam de acordo com a quantidade de três pigmentos:

hemoglobina = vermelho

melanina = marrom-azulado/marrom-alaranjado

carotina = amarelo

A coloração pessoal pode ser quente ou fria, dependendo da quantidade de hemoglobina, melanina e carotina.

Cores quentes

Têm o subtom amarelo como os vermelho-alaranjado, laranja, amarelo, amarelo-esverdeado, dourado, verde-azeitona, pêssego, ferrugem, marrom-escuro, cobre, caramelo, branco sujo (*off white*). São em geral mais luminosas.

Cores frias

Têm o subtom azulado como os azul, vinho, verde-esmeralda, azul-cobalto, violeta, rosa, *pink*, prata, preto e branco. O conceito frio advém da intensidade menor das cores. Em geral, elas são menos luminosas.

Paleta individual

Depois de fazer a análise de cores do cliente, é hora de fazer a paleta individual, por meio das amostras de tecido exatamente no valor e na intensidade das cores que o beneficiam.

O cliente recebe todas as cores com a intensidade (vivo e pastel) e o valor (claro e escuro) da coloração dele.

A paleta pessoal auxilia na montagem de looks e nas compras.

Não se esqueça de que as cores de uma pessoa vão ser sempre as mesmas, mas a intensidade diminuirá conforme a idade.

Valor ou luminosidade

O valor ou luminosidade se refere ao grau de luminosidade ou brilho, que vai do claro ao escuro. O valor da cor é determinado pelo grau de proximidade do preto ou do branco. A cor é considerada de valor alto quando é clara (próxima ao branco) e de valor baixo quando escura (próxima ao preto).

As cores claras passam mensagem de uma pessoa romântica, gentil, informal. As cores escuras transmitem autoridade e audácia. As cores intermediárias são clássicas e neutras – entre o masculino e o feminino.

A diferença no valor das cores produz o contraste; o contraste mais forte é o preto e o branco.

A ilusão que o contraste cria na roupa afeta o look.

Intensidade

A intensidade se refere ao grau de pureza ou saturação das cores, ou seja, o quão viva ou opaca são. A cor é intensa quando sua gama está bem ativa, pura, facilmente reconhecível. A cor está pouco intensa quando está muito misturada.

A temperatura está associada às cores quentes e frias. A análise é feita de acordo com a quantidade de vermelho, azul ou verde nas cores.

Cores primárias: azul, vermelho e amarelo – todas as outras são derivadas delas.

Cores secundárias: verde (azul + amarelo), laranja (vermelho + amarelo) e violeta (vermelho + azul) – mistura de duas cores primárias.

Combinação de cores

Cores complementares
- cores de alto-contraste
- criam efeito dramático
- ficam opostas no círculo de cores

exemplo: verde e vermelho/azul e laranja/amarelo e violeta

Cores análogas
- de baixo contraste
- criam um efeito harmonioso
- ficam lado a lado no círculo de cores

exemplo: azul e verde/azul e violeta/ laranja e amarelo/vermelho e laranja

Tríades/Combinações triangulares

- no círculo a combinação das cores forma um triângulo de três partes iguais, composto pelas cores primárias ou pelas secundárias

exemplos: amarelo + azul + vermelho ou violeta + laranja + verde

Monocromáticas

- intensidades diferentes de uma mesma cor, ou seja, tom sobre tom
- esquema fácil de ser usado com resultados sofisticados e atrativos

exemplo: verde claro + verde médio + verde escuro

Dicas

- Se a cor que está na moda não fica bem para a pessoa, o truque é usá-la da cintura para baixo ou em cintos e bolsas – a pessoa vai ficar na moda sem prejudicar o visual. Assim, se a cor da moda for azul claro e a pessoa fica bem com tons escuros, o truque é usar uma saia, calça ou *short* no tom azul claro, acompanhado de uma blusa marrom ou preta. A pessoa fica chique, na moda, sem atrapalhar o visual.

- O branco é uma cor muito difícil de ser usada. O tom do branco que combina com a pessoa será o mesmo tom dos dentes dela. Se usar um branco mais claro que o dos dentes, não ficará bom. Poucas pessoas ficam bem com o branco puro.

Mensagem das cores

As cores se distinguem também pela reação que causam nas pessoas. Existe toda uma psicologia por trás delas.

 Vermelho

- cor da paixão, excitante e estimulante
- personalidade: corajosa, dominadora, firme, dramática, sexy, ativa, extrovertida, apaixonante, impulsiva, agressiva
- ideal para ser usado em datas românticas (cor da energia sexual, atrai paixão, interage com homens, pois transmite confiança) e para falar em público, pois chama atenção

Azul

- é a cor do respeito, confiabilidade, fidelidade, serenidade
- transmite elevado *status* social, civilidade, estabilidade, dignidade
- personalidade: sincera, pensativa, comunicativa, calma, pacífica, inventiva, honesta, conservadora, atenciosa, paciente
- ideal para ser usado em atividades criativas, pois estimula a fantasia

 Amarelo

- cor estimulante, quente; pode fazer aumentar o nível de ansiedade e induzir inquietação
- simboliza o otimismo e está associado ao intelecto; é a cor da iluminação, da expectativa, do dinheiro
- personalidade: receptiva, acessível, alegre, otimista, criativa, extrovertida, ocupada
- ideal para ser usado para vender produtos, pois é alegre e estimulante

 Laranja

- cor energética, audaciosa
- personalidade: calorosa, prática, extrovertida, espontânea
- ideal para ser usado em festas, pois transmite calor e amizade

Violeta

Em geral, as pessoas atraídas pela cor púrpura são muito criativas, gostam de lidar particularmente com arte ou filosofia, têm elevado senso de espiritualidade, são pessoas apaixonadas e sonhadoras.

- violeta avermelhado significa inteligência, tranquilidade e paixão ao mesmo tempo
- violeta-claro inspira nostalgia e romance
- violeta lida com os sentidos e gera paixão

 Verde

- cor relaxante, de comunicação; é a cor que rejuvenesce, representa paz e transmite estabilidade
- personalidade: receptiva, aberta, estável, equilibrada, prestativa, leal, doce, responsável, amiga, tranquila, simpática
- ideal para ser usado em datas românticas, especialmente o verde-claro, que transmite docilidade

 Preto

- transmite poder, mistério, dominação e dignidade
- é uma das principais cores da moda contemporânea pela sua versatilidade
- personalidade: pessoa autoritária, audaz, dramática, chique, forte, formal, firme, elegante, masculina

- ideal para o primeiro encontro, pois transmite mistério e erotismo; e para reunião de negócios, pois transmite poder; passa uma imagem de pessoa dinâmica ao falar em público

Branco

- transmite pureza, esperança, confiança, frescor, limpeza
- é o símbolo da entrega; uma cor de *status*, da virtude e do altruísmo; traz sensação renovadora e aberta a mudanças
- personalidade: expressiva, artística, inocente, pura, fiel, fria, distante, feminina

Cinza

- é a mistura do preto e do branco; neutra, ligada à sabedoria; é preferida por filósofos, artistas e intelectuais
- cor da eficiência, do refinamento; é uma cor incerta, a cor do medo
- personalidade: calma, conservadora, poderosa, autoritária, confiável, modesta, controlada
- ideal para ser usado em atividades criativas, pois desencadeia o desenvolvimento artístico; em reuniões e almoços de negócios, traz sucesso e força

Marrom

- cor informal, que está associada à humildade e pessoas sem arrogância. É uma cor agradável, neutra, que não transmite muita emoção

- personalidade: confiável, educada, bem-sucedida, estável, perseverante, segura, resistente a mudanças
- cor que tem o apelo da classe alta

 Rosa

- tem conotações positivas, é calmante e aconchegante, traz vitalidade juvenil; é a cor universal do amor, mas projeta menos energia do que o vermelho
- personalidade: gentil, afetuosa, romântica, feminina, quieta, artística, apaixonada, acessível, sensitiva, refinada, delicada, doce
- ideal para ser usado em data romântica, pois sugere beleza celestial; e em entrevista de primeiro emprego, pois acalma

"Quis dar às mulheres um guarda-roupa básico, resguardá-las do ridículo, deixá-las livres para serem o que são."

Yves Saint-Laurent[12]
apud Fernanda Queiroz, Os estilistas,
Coleção O Mundo da Moda.

---

[12] Yves Saint-Laurent (1936): Estilista nascido na Argélia, dirigiu a Maison Dior, combatendo os ditames da alta-costura. Em 1962, abriu sua própria casa. Saint-Laurent, entre outros, tem o mérito de ter revolucionado a moda da segunda metade do século XX, criando um estilo de ser e de se vestir.

Planejamento do guarda-roupa
closet clearing/capsule wardrobe

Depois de finalizado o estudo pessoal de seu cliente, a próxima etapa é analisar o guarda-roupa.

O guarda-roupa ideal é aquele em que você encontra as peças certas. Muitas pessoas possuem um aglomerado de roupas, mas não têm o que vestir. Mesmo com dúzias de blusas, calças, saias e acessórios, acabam vestindo sempre a mesma roupa.

É papel do personal stylist organizar, atualizar e planejar o guarda-roupa de seu cliente.

Vantagens de ter um guarda-roupa inteligente:

1. Um armário com roupas adequadas de boa qualidade: a escolha na hora de se vestir vai ser mais eficaz e rápida.
2. Ao fazer compras, é mais fácil identificar exatamente o que precisa: economizam-se dinheiro e tempo e evitam-se erros.

3. Combinações certas e maiores escolhas na hora de se vestir: as roupas vão se multiplicar – com doze peças selecionadas adequadamente, chega-se a trinta ou mais combinações.

4. Torna-se um guarda-roupa de fácil atualização.

Closet clearing[13]

Você já conhece o estilo de vida e as necessidades de seu cliente, quais roupas estão se encaixando em seu estudo feito e o que não funciona mais.

1. Tire as roupas do guarda-roupa e separe:

a – Roupas que devem permanecer no guarda-roupa.

b – Roupas que vão ser excluídas – que não têm bom caimento, que não estão sendo usadas por mais de um ano, que não estão em boas condições ou se deformaram com o uso; roupas com visual e modelagem desatualizada ou aquelas em que a cor não valoriza seu cliente.

c – Roupas que podem ser aproveitadas com uma pequena reforma.

2. Faça a relação das necessidades de seu cliente, como o número de horas gastas por semana em lazer, trabalho, esporte e vida social, identificando o tipo de roupa para cada ocasião. Para uma decisão acertada, é necessário que o cliente vista todas as roupas para você analisar o caimento.

---

[13] *Closet clearing*: retirada das peças do guarda-roupa que não funcionam mais; limpeza do guarda-roupa.

Repasse com seu cliente:

- Ele gosta dessa roupa ou simplesmente a tolera no guarda-roupa? Como se sente quando a usa?
- A roupa está de acordo com o tipo físico, valorizando o que ele tem de bonito e escondendo o que é preciso?
- O estilo da roupa está atualizado?
- A roupa está com bom caimento?
- A cor está adequada ao tom de pele, cabelo e olhos do cliente?
- A roupa está dentro do estilo pessoal?
- O cliente compraria essa peça, hoje, se a visse em uma loja?

A partir desse questionário, você pode separar as roupas com mais confiança. Alguns clientes são persistentes em permanecer com algumas peças no guarda-roupa sem necessidade, às vezes por afetividade de lembranças do passado, e você pode usar o seguinte argumento: "é preciso esquecer o passado para dar lugar ao futuro, isso sim faz bem, sempre é hora de renovar".

Também vai se deparar com pessoas que têm o armário repleto de roupas de marcas caras, mas não as usam, pois não é seu estilo pessoal ou a roupa não caiu bem. Simplesmente a adquiriu para ter uma roupa de marca famosa. Muitos acabam mantendo a roupa sem uso no armário porque pagaram caro e não querem se desfazer dela.

Como defende Gloria Kalil, "é preciso ter excesso, um pouco de fantasia no armário; até quem nunca vai a festas precisa ter uma roupa desse tipo. É uma fantasia".[14] Mas com certeza ela não defenderia um guarda-roupa repleto de excessos.

Depois que você separou as roupas, comece a trabalhar com aquelas que irão permanecer no guarda-roupa. O ideal e mais prático será dividir o guarda-roupa em grupos de peças, sendo que cada grupo deve ter de oito a doze itens diferentes, todos coordenados, formando vários looks.

Dentro de um grupo de doze peças, você poderá formar trinta ou mais combinações. O nome que se dá a esses grupos de roupas é *capsule wardrobe*.[15]

Divida o *capsule wardrobe* da seguinte maneira:

- Defina o número de *capsule wardrobe* que irá ficar no guarda-roupa.
- Separe o *capsule wardrobe* quanto ao estilo de vida do cliente, ou seja, trabalho, lazer, festa, ginástica, etc.
- Defina as cores e suas combinações.
- Determine o número de peças que vão em cada *capsule wardrobe*, incluindo acessórios.

---

[14] Revista *Uma*, nº 16, São Paulo, janeiro de 2002, p. 44.
[15] *Capsule wardrobe*: nome dado a um grupo de roupas separadas no armário.

Dicas

- Trabalhe no máximo com quatro ou cinco cores – sugestão: use duas cores neutras e duas cores vivas, assim todas trabalham juntas perfeitamente. Limitando o número de cores em cada grupo, você conseguirá maiores combinações de looks.

- Dê preferência a peças básicas, com linhas simples.

- As roupas de um mesmo *capsule wardrobe* devem se harmonizar quanto à cor, ao tecido e às linhas. O grupo de roupas e acessórios deve trabalhar junto.

- Caso exista estampa, ela deve ser coordenada com o grupo.

- Evite repetir o mesmo tipo de roupa em um mesmo *capsule wardrobe* – exemplo: duas jaquetas no mesmo grupo.

Estrutura de um *capsule wardrobe*

Instruções para organizar um *capsule wardrobe*[16]

- Separe três peças básicas: uma jaqueta, uma saia e uma calça. Se forem da mesma cor ou do mesmo tecido, você terá mais versatilidade.

- Separe duas ou três blusas (incluindo camiseta) que combinem com a calça, a saia e a jaqueta. A primeira blusa pode ser branca ou *off-white*,[17] a segunda em um tom forte e a terceira com detalhe de estampa ou estampada.

---

[16] Donna Fuji's, *Color With Style* (Tóquio: Graphica, 1991), p. 88.
[17] *Off-white*: tom saindo do branco puro, como o cru, branco sujo, chá, manteiga.

- Separe um vestido ou um conjunto de duas peças (é mais versátil) em cor neutra ou com uma leve estampa, com linhas simples, que possa formar looks com outras peças do *capsule wardrobe*.
- A próxima peça é um blazer ou cardigã que combine com todas as peças do grupo. Pode ser da mesma cor do grupo ou em um tom forte.
- Um casaco para as estações frias não pode faltar. Deve seguir um estilo clássico para ter longo tempo de vida, e ser de ótima qualidade. Deve ser de cor neutra.
- Acessórios (invista na qualidade):
  - sapatos, sandálias, botas com e sem salto e em cores neutras
  - bolsas e cintos de cores neutras, que combinem com os sapatos e as roupas
  - colares, pulseiras, brincos, óculos, anéis
  - cachecol, echarpes (podem ser de cores fortes para "levantar" o look geral)

Descrição de um capsule wardrobe *para cada situação*

Após terminar a divisão das roupas por *capsule wardrobe*, fotografe todas as montagens de looks de cada grupo e forme um *book* para seu cliente com as fotos, assim ele terá o registro de todas as opções de combinações. É rápido e prático ao se vestir e ao mesmo tempo evita erros.

Registre peça por peça de cada *capsule wardrobe*. Exemplo:

Tipo de roupa	Descrição	Cor	Combina com	Acessório
Jaqueta de couro	cinturada	preta	saia *blue jeans*	bolsa de couro preta
	com zíper		calça preta	bota de cano alto preta
			blusa branca	colar de cascalho turquesa

Assim você terá uma relação de todas as peças do guarda-roupa. Ao fazer compras, leve-a junto, pois facilita definir quais roupas e acessórios serão necessários.

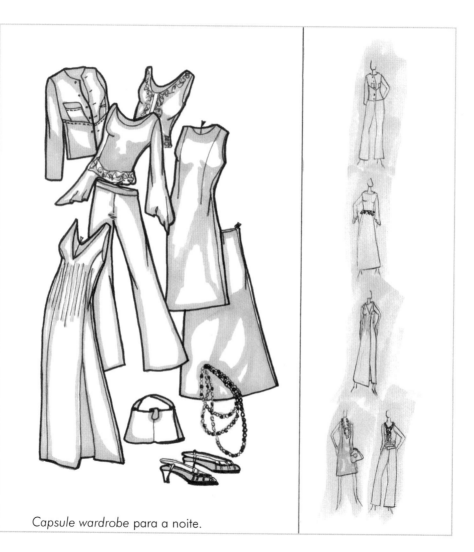

Capsule wardrobe para a noite.

Planejamento do guarda-roupa 121

Capsule wardrobe de uma executiva.

Capsule wardrobe para o lazer.

Capsule wardrobe para viagens ao campo.

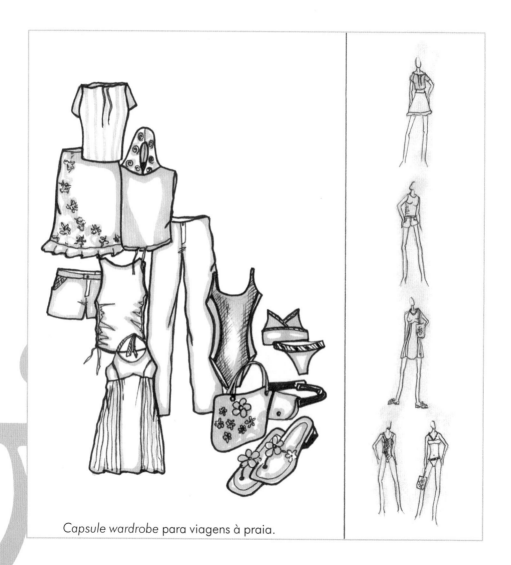

Capsule wardrobe para viagens à praia.

"A moda é uma manifestação de fé. Neste mundo que se empenha em destruir um por um todos os seus segredos, que se alimenta de falsas confidências e de revelações forjadas, ela é a própria encarnação do mistério, e a melhor prova de seu sortilégio é que nunca se falou tanto dela como agora."

Christian Dior[18]
Christian Dior & moi.

---

[18] Christian Dior (1905-1957): Estilista nascido em Granville, fundador da Maison que leva seu nome. Fonte inesgotável de refinamento. Em 1947, lançou a linha corola, que ficou conhecida como estilo *New look*, por suas roupas suntuosas.

Organização de guarda-roupa

É essencial que o guarda-roupa, depois de montados os *capsule wardrobe*, seja organizado de maneira que seu cliente, ao procurar uma peça de roupa, consiga visualizá-la sem demora, pois a maioria das mulheres, ao abrir a porta do armário, se depara com várias roupas, mas não consegue encontrar o que vestir e acaba achando que o problema é a falta de roupa.

Segundo a organizadora de ambientes Cristina Papazian, ao organizar um guarda-roupa feminino, comece pela limpeza. Use uma flanela úmida para retirar o pó e em seguida passe uma seca. Nunca use ceras ou lustra-móveis, pois com a alteração de temperatura o produto acaba se deslocando da madeira e indo para as roupas – além do mais, o bom armário já vem impermeabilizado.

Se alguma parede do armário der para a parede do banheiro, pode passar umidade para as peças de roupa. Evite esse problema moldando a parede do armário com isopor ou colocando a primeira peça em um cabide protegido com uma capa de TNT – nunca com capa de plástico, pois o plástico veda a passagem de temperatura e transpira, transmitindo bolor e umidade à roupa. Devemos ter muito cuidado com roupas de couro, pois o bolor vem de dentro para fora, e quando ele se torna visível é porque a roupa já está bem danificada, e a embalagem plástica é a grande causadora desse problema.

Se você gosta de armário perfumado, esqueça! O perfume do armário deve vir do amaciante de roupas, e quem deve estar perfumada é a pessoa que vai usar a roupa. O correto é que o armário não tenha cheiro nenhum. Colocar sabonetes dentro de gavetas para perfumar roupas nem pensar, pois o sabonete foi feito para interagir com a água, e depois de um tempo ele acaba dando umidade – pior ainda se o sabonete for de ervas, pois atrai traças.

O sachê serve como alimento para traças, baratas e formigas. Uma ótima opção para evitar umidade no guarda-roupa é fazer saquinhos de tule com giz, pois ele é feito à base de cal e combate a umidade – essa dica vale principalmente para quem mora no litoral, onde o problema de umidade é maior. Coloque os saquinhos pendurados nos cabides, não em gavetas, pois ele pode tingir a roupa. Outra boa alternativa é colocar pedacinhos de cedro espalhados pelo armário – é a única madeira que resiste ao cupim. Eles são vendidos em formato de bolinhas. Se preferir, compre a madeira e peça para cortar pedaços de 3 cm × 3 cm, colocando cerca de quatro pedaços em cada gaveta, e com ganchos pequenos pendure entre os cabides. Qualquer tipo de cabide de madeira que não for de cedro deve ser envernizado. Uma boa opção de cabide, além dos de cedro, são os cromados. Com o passar do tempo o cedro vai perder seu odor peculiar, mas basta lixar ligeiramente a madeira que ele voltará.

Outro cuidado que se deve ter para evitar traças, cupim ou baratas no armário é não ter nenhum tipo de papel, seja caixa de sapato, rolinhos de papelão que vem dentro dos sapatos, etc., salvo caixas forradas com tecidos ou impermeabilizadas.

Roupas nas cores vermelha, preta, azul-marinho e branca desbotam conforme a luminosidade, e devem ser protegidas pela capa de TNT – quando a capa for própria para cabide, o ideal é que tenha um visor lateral de plástico cristal. Lembre-se de que todos os saquinhos e capas de TNT usados no armário devem ser da mesma cor para dar maior harmonia.

Os cintos não devem ser enrolados nem dobrados, e sim pendurados pela fivela em cabides especiais ou ganchos fixados no armário. As gravatas podem ser guardadas enroladas dentro das gavetas com organizadores próprios ou em cabides especiais para gravatas.

Use cabide de saia para as calças, que devem ter o cavalo voltado para o fundo do armário. Prenda-as na presilha pela bainha. De preferência as presilhas devem ser cromadas, pois têm maior durabilidade. Para que as presilhas não marquem a roupa, é aconselhável forrar o interior delas com feltro. A ação da gravidade mantém a calça esticada, ao mesmo tempo que diminui seu volume, ocupando menos espaço no armário.

É preciso ter um varão de no mínimo 1,20 m de altura para que a calça não encoste a cintura embaixo, no armário, evitando que ela amasse e também para não pegar o pó que se acumula – é difícil tirar marca de poeira das roupas.

Podem ser colocadas duas calças em cada cabide, mas, se se tratar de um conjunto, por exemplo, blazer/calça, armazene-os em um único cabide; nunca separe os conjuntos.

Para vestidos, principalmente os de alças, é necessário o uso de cabides com nervuras. Já para blazer ou casaco, é necessário que o cabide tenha a parte lateral ovalada, mantendo a estrutura da peça para não criar vinco no ombro nem deformar a ombreira.

As saias devem ser penduradas pelo cós, nas presilhas do cabide; podem ser armazenadas duas peças no mesmo cabide, ficando as duas com a frente virada para fora, para visualização das peças.

As gavetas podem ser forradas com uma manta acrílica revestida com tecido de algodão. A vantagem é que, caso apareça traça no armário, ela vai atacar primeiramente esse forro, e você ficará sabendo antecipadamente que o armário precisa de cuidados. Traças no meio das roupas, principalmente em peças íntimas, podem causar alergia. Nunca forre as gavetas com forros à base de celulose e com perfume.

O procedimento de organização da gaveta de roupas íntimas começa pela separação das cores: da cor clara para a escura, as peças mais elaboradas sempre no final, antes de vir a outra cor. O sutiã é colocado dentro da calcinha e dobrado junto, em forma de envelope. Caso a gaveta tenha divisórias em formato quadrangular ou de colmeia, coloque tanto as lingeries divididas por cores quanto as meias, obviamente em divisórias separadas. Meias finas devem ser guardadas em um utilitário tipo cabide, especial para meias, que tem compartimentos separados, do tipo saquinhos, em plástico cristal.

Tudo que não amassa deve ser guardado em gavetas, menos peças em tricô.

Camisetas armazenadas em gavetas devem ser dobradas e depois enroladas em rolinho e dispostas conforme a cor, do claro para o escuro. Se tiver espaço suficiente, coloque as camisetas de manga comprida embaixo, pois são menos usadas, e as outras por cima, sempre casando a cor debaixo com a de cima. Caso a gaveta não tenha espaço, coloque as de manga comprida no fundo e as restantes na parte da frente.

Roupas e acessórios de praia devem estar guardados em uma mesma gaveta, inclusive o chinelo de praia – guardado em um saquinho de TNT. Se essa mesma gaveta for grande o suficiente, guarde as roupas de ginástica também.

Os pijamas e camisolas são guardados na gaveta, peças de seda em saquinhos de TNT. Quanto aos demais, depois de dobrados, faça rolinhos com cada um e coordene-os conforme a cor ou a estação. Se houver espaço, guarde na mesma gaveta a segunda pele, ou coloque em duas gavetas pijamas e camisolas, separados por estação.

As malhas de tricô, por terem trama mais aberta e serem mais delicadas, devem ser dobradas e guardadas em saquinhos de TNT com visor frontal para visualização nas prateleiras do armário. Se forem muitas malhas e você não tiver saquinhos disponíveis, coloque somente a primeira e a última malha da prateleira em saquinhos para protegê-las da poeira; as que estiverem no meio ficarão protegidas naturalmente.

Os sapatos devem ser guardados em prateleiras especiais; os de salto alto devem estar em gavetas aramadas, e todos separados por cor, os melhores e menos usados devem ser colocados dentro de saquinhos de TNT. Existem ponteiras que têm o formato do bico do sapato, e o recheio é feito com serragem de cedro, que evita odores; são especiais para sapatos que não têm a parte traseira para colocar a forma, como mules e sandálias, e para botas. A utilidade das ponteiras é evitar a marca (nervura) no sapato, que o deixa com aspecto envelhecido.

Se você não tiver um local especial para guardar as botas de cano longo, armazene-as na parte do armário com as roupas longas, no espaço debaixo restante. Dentro do cano da bota, coloque um porta-cano para que o couro não se danifique, ou recheie um saquinho de TNT com jornal amassado – a tinta do jornal repele a traça, mas o jornal deve ser trocado de seis em seis meses.

As bolsas podem ser guardadas na prateleira. Se o espaço for pequeno, coloque as pequenas dentro das grandes, desde que não as deformem.

As echarpes e os lenços podem ser enrolados em rolinhos de papel-filme ou de fax, fixados com elástico ou fita, e guardados em uma caixa impermeabilizada.

Guarde as bijuterias em uma frasqueira ou caixa impermeabilizada.

> "A moda muda, o estilo permanece."
>
> *Coco Chanel* [19]
> apud Janet Wallach, *Chanel, seu estilo e sua vida.*

---

[19] Coco Chanel (1883-1971): Estilista francesa conhecida por conduzir as mulheres para longe das roupas complicadas e desconfortáveis. Foi uma das mais importantes estilistas que surgiram nos anos 1920, e esteve envolvida em movimentos vanguardistas. Fez virar moda o uso da cor preta em qualquer ocasião. O nome "chanel" significa moda e perfume, emancipação e charme.

Personal shopper

Depois que o guarda-roupa estiver arrumado e com as peças separadas por grupos, faça uma lista do que falta para compor looks.

É essencial que o profissional conheça o estilo de várias lojas para saber onde encontrar o que precisa, estando sempre muito bem informado sobre as tendências da temporada.

O objetivo do personal stylist na hora das compras é encontrar a roupa certa para seu cliente, unindo o que ele precisa ao que ele quer. Vá às compras sabendo exatamente o que está procurando.

A ordem do trabalho de um personal shopper[20] pode ser feita da seguinte maneira:

1. Saiba exatamente o que está faltando no armário de seu cliente. Faça um plano de compras e tente não fugir da realidade.
2. Converse com seu cliente a respeito da quantia disponível para você fazer as compras. Caso ele precise de várias roupas, divida a compra em duas ou três etapas.

---

[20] Personal shopper: profissional de compras; área de trabalho do personal stylist.

3. Ouça o cliente focando o desejo dele, o que realmente importa para ele.

4. Faça uma avaliação da(s) loja(s) (preço, mercadoria, serviço e forma de pagamento). O personal shopper precisa estar atento ao estilo de cada loja, para facilitar seu trabalho na hora de procurar as peças.

5. Trate muito bem os vendedores da loja para manter um bom relacionamento profissional. Provavelmente vocês trabalharão muitas vezes juntos, e eles poderão facilitar seu trabalho.

6. Ao selecionar as roupas para a compra, use a palheta de cores de seu cliente na composição do *capsule wardrobe*.

7. Analise quantos looks podem ser coordenados com a compra de cada peça.

8. Selecione somente peças de ótima qualidade, mantendo em vista o custo/benefício.

9. Leve o cliente na loja somente depois de pré-selecionar as peças. É ele quem vai dar o parecer final. Analise com o cliente as peças quanto ao estilo, à cor, ao caimento, à qualidade e ao preço.

Vantagens de utilizar os serviços do personal shopper

- Segurança para o cliente na hora de tomar decisões na compra das peças.
- Além de economizar tempo, o cliente economizará dinheiro, pois vai adquirir exatamente as peças de que precisa.
- O profissional é experiente e sabe fazer a análise quanto ao tipo físico, às cores que beneficiam o cliente e ao estilo pessoal dele.

- Para as *fashion victims* (vítimas da moda) esse profissional é perfeito, pois, ao contrário delas, ele não peca pelo excesso, não gasta dinheiro com roupas que provavelmente sairão de moda na próxima estação, nem criará uma imagem instável para o cliente.
- O personal shopper sabe avaliar o que realmente está faltando no guarda--roupa de seu cliente, ajudando-o a encontrar a roupa ideal dentro dos objetivos estabelecidos, fazendo compras adequadas.
- O retorno final é um cliente satisfeito e com roupas certas.

A seguir, alguns cuidados que o personal shopper deve ter:

- Critério nas compras, principalmente nas liquidações – época na qual as peças já estão saindo da moda, pode favorecer a compra por impulso e ser mais fácil de cometer erros.
- Marcas famosas geralmente indicam boa qualidade – as lojas são impecavelmente arrumadas e o atendimento é feito por vendedores com formação em moda. Algumas pessoas se sentem seguras ao usar roupas de etiquetas famosas; é um tipo de identificação. Contudo, o profissional deve sempre ter em mente que a roupa, além de combinar com o estilo pessoal do cliente, deve responder às necessidades do momento.
- Não deixe o cliente levar uma roupa que está um pouco apertada, alegando que vai emagrecer. Esqueça, nada de depender de uma mudança que requeira tempo.

- Compre somente o que está dentro do estilo de seu cliente, exatamente o tamanho dele e o que lhe caia bem. Na dúvida, não compre.

- Cuidado para não comprar roupas desnecessárias, porque o apelo da moda é forte. Além disso, há muita mudança, como largura de boca de calça, estampas, tipo de aviamentos, e se não houver esse cuidado acabará por adquirir peças inúteis todo começo de estação, quando as vitrines estão cheias de novidades, gerando a famigerada compra por impulso. O ideal é comprar peças básicas e alguns acessórios da moda da estação, com os quais não se deve gastar muito.

- Evite ir às compras com o cliente no fim de semana. Durante a semana vocês serão melhor atendidos pelos vendedores e não enfrentarão filas nem tumulto.

- Não tente vestir o cliente copiando as revistas de moda, sem avaliar se é adequado para ele.

- Cuidado para o visual da loja não ser mais importante do que a própria roupa.

- Procure qualidades mais duradouras nas roupas, evite peças com detalhes inúteis e adquira roupas que permaneçam na moda.

- Lembre-se: compras por impulso resultam em guarda-roupas descoordenados.

- Leve o cliente às compras quando ele estiver disposto a isso; do contrário, ele não gostará de nada do que lhe for apresentado.

- Atente também para a luz do provador para não haver enganos com a cor da roupa.
- Não deixe o cliente comprar uma peça sem sequer provar antes.
- Compre somente peças que o cliente amou e que sejam perfeitas para o que ele quer.

Quando o cliente estiver experimentando a roupa, analise:

- Se o estilo está adequado a ele.
- Se a cor e o tecido o beneficiam.
- Como está o caimento da roupa.
- Se os acessórios que o cliente possui combinam com a roupa em questão.
- Como o cliente está se sentindo: ele amou a roupa?
- Quais benefícios a peça trará para o guarda-roupa do cliente.
- Custo *versus* benefício.

Custo versus benefício

O guarda-roupa é um grande investimento. A compra requer preparação e é esperado um retorno da peça quanto a durabilidade, a flexibilidade e a satisfação pessoal. Uma determinada roupa custou caro, mas tem ótima qualidade e se encaixou perfeitamente dentro dos objetivos de seu cliente, e com certeza será usada por muito tempo. Ao passo que uma roupa de modinha será bem mais em conta, mas terá qualidade inferior, um curto período de vida, e raramente será usada. Esse é o custo *versus* benefício.

Para checar se a peça será um bom investimento, responda às perguntas que se seguem. Tomemos como exemplo um vestido.

1. Qual é o preço?   y
2. Qual o tempo estimado de uso e durabilidade?   10 anos
3. Com que frequência o cliente irá usá-lo (use como referência semana, mês e ano)?   1 vez ao mês

Agora faça o cálculo custo *versus* benefício

y ——————————— custo

12 vezes ao ano ——— expectativa de uso/ano (1 vez ao mês)

10 anos ——————— vida aproximada

$$12 \times 10 = 120 \quad \text{(igual ao total de uso)}$$

$$y \div 120 = z$$

Ou seja, z corresponde ao valor que custará o vestido cada vez que a cliente usá-lo.

Lembre-se de que as roupas mais caras são aquelas que estão no guarda-roupa sem uso.

Dicas

- Se você tiver de optar entre o visual e o caimento da roupa, escolha o caimento.
- Faça o cliente sentar e levantar, dobrar as pernas e os braços ao provar a roupa. Certifique-se de que ele se sente confortável usando-a.
- Analise a roupa no corpo de seu cliente dos pés à cabeça.
- Se o cliente estiver com sobrepeso e se incomodar com o tamanho da roupa que está usando, dê a ideia de tirar a etiqueta; isso poderá fazer com que se sinta melhor.
- Dê preferência a looks com duas peças, que se coordenam facilmente com outras roupas; com certeza será um curinga no guarda-roupa.

"Não quero que ela passe a noite se desculpando por um vestido que nada tem a ver com seu estilo pessoal."

Carlos Tufvesson[21]
apud Iesa Rodrigues & Paula Acioli,
30 estilistas à moda do Rio.

---

[21] Carlos Tufvesson: Criador carioca que tem a alta-costura como base de sua cultura de moda, sendo a elegância uma das características que mais marcam seu estilo. Cursou faculdade de moda na Domus Accademy, em Milão, onde foi aluno de Gianfranco Ferré.

Personal stylist para artistas

A roupa, aliada à maquiagem e ao cabelo, é grande ferramenta para modificar as pessoas. O artista usa a imagem pessoal para se comunicar com seu público.

A cantora, a atriz ou a apresentadora (os homens também se incluem) de tevê precisam fixar seu estilo próprio perante o público, tomando sempre o cuidado para não transmitir uma mensagem errada.

O objetivo de um personal stylist é criar a imagem certa para o artista de acordo com sua atividade. O cantor *country*, por exemplo, precisa se vestir de acordo com o estilo de suas músicas. O profissional não deve fantasiá-lo de *cowboy*, mas o cantor deverá estar vestido de maneira que a imagem visual seja o mensageiro das músicas dele.

Tome como exemplo o cantor sertanejo que se veste com roupas do tipo *punk*. Além de sua imagem visual não combinar com seu estilo pessoal, certamente afetará seu público, que ficará perdido, sem referências de seu ídolo.

É importante para o artista ter uma marca registrada, e a maneira de se vestir pode ser uma delas. A roupa marca o artista (dá identidade) perante o público.

Assistindo a um programa feminino, vi a apresentadora auxiliando a culinarista numa receita.

A manga da blusa da apresentadora era comprida e terminava com vários babados, que entravam todo o tempo dentro dos potes de tempero e no meio da massa. Aquela blusa não estava adequada à situação. Portanto o profissional, ao vestir um artista, deve prever essas situações. É preciso vesti-lo de acordo, sim, com o tipo físico, estilo pessoal, dentro das cores corretas para ele, mas nunca esquecer que a roupa também tem de estar adaptada ao ambiente e às situações que ele vive.

O artista tem uma imagem pública; parte de seu trabalho é a imagem, ele vende essa imagem. Para ele é muito útil ser assessorado por um personal stylist, pois assim mantém o guarda-roupa e facilita sua vida na hora de se vestir, seja para ir ao supermercado, seja para a noite de gala – e principalmente para não fazer parte da lista dos mais malvestidos, que não favorece a carreira do artista.

Objetivos do trabalho do personal stylist dirigido aos artistas

- Ajudar o artista a encontrar seu estilo pessoal.
- Contribuir para que a união personal stylist-artista tenha resultados positivos; fazer com que o artista se encontre, se curta, se sinta à vontade com a roupa e esteja seguro disso.
- Melhorar a comunicação do artista com o público pelo visual.
- Ouvir, ouvir e ouvir o que o artista quer. Ninguém melhor do que o artista para saber o que é melhor para ele. Na consultoria a moda não é a ferramenta maior; o principal é a necessidade e vontade do cliente.
- Por meio do trabalho do profissional, devolver ao cliente o sonho maior, o brilho nos olhos.
- Usar as "ferramentas" com cuidado, ou seja, saiba o limite para não ser indiscreto e entrar demais na vida pessoal dele. Faça a análise sem exagero, coloque-se, por exemplo, no lugar dele e verá que a análise tem de caminhar de uma maneira impessoal.
- Lembrar que o armário do dia a dia de um artista é o armário de um cliente como outro qualquer.
- Atender sempre ao que o cliente tem por meta.
- Apoiar, dar força para o artista fazer o que ele quer, fazendo aflorar o melhor do que ele é.
- Ao fazer a radiografia do artista, traduzir isso em roupa.
- Desenvolver uma bula especial para o artista, lembrando-se de que as pessoas são diferentes.

O que um bom profissional deve saber

- Passar informações de moda. Algumas pessoas se transformam, tanto por dentro quanto por fora; mulheres afloram; passam a ocupar outros espaços com mais segurança.

- É um desafio difícil, gostoso e instigante ser o stylist de uma pessoa que não tem nada a ver com seu próprio estilo.

- O profissional deve cuidar da imagem do artista em todas as situações: aparições públicas, matérias em revistas ou jornais, festas, eventos.

- O artista às vezes é resistente à modificação no modo de se vestir, mas ele acaba se entregando quando o resultado é positivo.

- Tenha sensibilidade para conduzir o trabalho. O profissional não deve ter uma ideia preconcebida do artista; isso faz com que o trabalho se distancie dos objetivos. O importante é descobrir onde está a essência da pessoa, pois cada artista é um universo novo, completamente diferente do outro.

- Respeite o artista e deixe-o se expressar; nunca imponha uma roupa para ele vestir, pois ele não é um produto, e você não está fazendo nenhum editorial de moda.

- O custo para vestir um artista não precisa necessariamente ser alto. A fórmula é investir em ótimos acessórios para equilibrar os gastos.

Cuidados que se deve ter ao vestir um artista para uma aparição na tevê

- Evite roupas de tecido sintético, pois o contraste com a iluminação dá um péssimo efeito; dê preferência a tecidos naturais.
- Algumas cores se modificam com a iluminação.
- Bege e marfim ficam melhor do que o branco na telinha.
- Evite grafismo, listras (somente se o tom da listra debaixo for próximo ao da listra de cima), príncipe-de-gales, poás, xadrezes, cores fortes (borra na tela) e padronagens grandes (fala mais alto do que o artista).
- Quando o artista for a um programa de entrevistas (obviamente ele terá de se sentar), escolha uma roupa que o vista bem mesmo sentado, e cuidado com minissaias.
- Se optar pelo vermelho, escolha bem o tom, do contrário pode dar a impressão de que vai sangrar na tela.
- As cores monocromáticas são sempre bem-vindas.

Carolina Dieckmann – atriz

Em um *workshop* ocorrido em julho de 2002, administrado pela consultora de moda e imagem Emanuela Carvalho (nas dependências do Senac Moda), cujo tema foi "Consultoria de moda e imagem para artistas", a atriz Carolina Dieckmann deu seu depoimento sobre como sua vida mudou a partir do momento em que Emanuela começou a trabalhar com ela como consultora de moda.

"Aprendi como a minha imagem é importante e passei a ficar atenta todo o tempo com meu modo de vestir." Carolina conta que a moda não fazia parte de sua vida, acabava vestindo o que as produtoras de moda lhe indicavam, mas seu modo de pensar mudou depois que ela foi assessorada, e agora se preocupa com a forma como as pessoas a veem.

Começou a observar a dificuldade de alguns artistas de se produzirem sozinhos. "Na novela os artistas estão sempre bem vestidos, pois são produzidos pela figurinista da novela, mas na hora de fazer a produção sozinhos, muitos artistas não sabem o que vestir, ficam totalmente perdidos."

Carolina não só aprendeu a se vestir bem, como também a fazer boas compras. Em uma viagem a Nova York, ao sair para fazer compras, deparou-se com uma sandália que achou maravilhosa e que ficou muito bonita em seus pés, mas... custava muito caro! A princípio ela hesitou em comprá-la, mas, quando aplicou o custo *versus* benefício, acabou levando duas, de cores diferentes. Depois de usar (e muito) as sandálias, confirmou a ótima compra: além da durabilidade, todas as vezes que as usava, recebia elogios.

Teve outra aventura: quando foi convidada a participar de um conhecido programa de *talk show* na Globo, não pensou duas vezes em desembolsar uma razoável quantia para comprar uma gargantilha: "Para ir ao programa foi um ótimo investimento, pois todos repararam na linda gargantilha; foi ótimo para a minha imagem".

Carolina completa dizendo que em seu guarda-roupa há peças de todos os preços. Amigos, fãs e fotógrafos começaram a prestar atenção em seu modo de vestir e se interessaram em saber o que ela havia feito. "Mudou muito minha imagem perante as pessoas, aprendi a me olhar no espelho."

Realmente quem acompanha o percurso da bela Carolina pode observar nitidamente o antes e o depois de seu entrosamento com a moda, e com certeza ela já colhe os bons frutos dessa transformação.

> "Ser bonita passou a depender de quanto você quer se dedicar a isso. Não é mais um segredo da natureza, ou uma visão paradisíaca da fonte que jorra a eterna juventude."
>
> *Cristiana Arcangeli*[22]
> *Beleza para a vida inteira.*

---

[22] Cristiana Arcangeli: Empresária, criou a Phytoervas e o Phytoervas Fashion – evento que premiava os melhores profissionais, empresas e programas ligados à moda no Brasil. Primeira importadora de perfumes do Brasil. Hoje comanda a marca Ph Arcangeli, apresenta um programa sobre moda no rádio e outro de variedades na tevê, além de ter uma coluna mensal na revista *Vogue*.

Consultoria em visagismo

É importante que o personal stylist saiba indicar que tipo de cabelo, cor e maquiagem mais valoriza o rosto do cliente.

A seguir conselhos de alguns dos profissionais da área mais destacados no Brasil.

Hélio Sassaki

Visagista

Hélio Sassaki é especializado em noivas e produções visuais para foto, tevê e vídeo, e é coordenador da área de visagismo[23] do Centro de Educação em Moda do Senac São Paulo.

Hélio indica o cabelo e a maquiagem que mais se harmonizam com cada estilo pessoal.

---

[23] Visagismo é um novo conceito no estudo de linhas, ângulos, formas e cores aplicados em técnicas profissionais de cabelo e maquiagem, que busca um visual equilibrado e personalizado entre biotipo, idade e ambiente sociocultural do cliente.

Mulher esportiva

- Cabelos: curtos (práticos) ou longos cortados em linha reta; tratamentos: hidratação e banhos de creme para manter os cabelos sempre brilhantes.
- Maquiagem: valorizar cores no *blush* e no batom.

Mulher romântica

- Cabelos: ondulados e cacheados.

Para cabelos muito crespos, é necessário fazer um relaxamento e cortar as pontas com um leve repicado; o uso de franja reta não é aconselhável, apenas alguns fios desiguais. Em cabelos lisos, é necessário fazer um suporte e cortar repicado, valorizando os cachos; pode-se usar franja de qualquer maneira ou comprimento.

- Maquiagem: tons pastel nas sombras e batons ou *gloss*, *blush* colorido.

Mulher elegante

- Cabelos: curtos ou longos, retos ou repicados e cuidados.
- Maquiagem: sempre discreta e impecável, acentuando os olhos ou lábios.

Mulher sexy

- Cabelos: repicados, longos e com volume.

- Maquiagem: olhos marcados, delineados; sombras fortes, muita máscara e lábio com cores fortes e brilhantes.

Mulher tradicional

- Cabelos: lisos, cortados em linha reta e sempre arrumados. O corte chanel, com ou sem franja, na altura do queixo ou dos ombros é o mais tradicional.
- Maquiagem: olhos delineados, máscara para cílios, pouca cor na sombra e no *blush*, batom colorido.

Mulher dramática

- Cabelos: cortes desestruturados, ousados, algumas vezes extremamente alinhados, com cor.
- Maquiagem: cores diferenciadas nas sombras e batons, acompanhando as tendências da moda em cores e efeitos.

Mulher artística

- Cabelos: cortes desestruturados, assimétricos, com cores extravagantes.
- Maquiagem: acentuada, diferenciada, com excesso de cores, dependendo do humor.

Francisco de la Lastra

Hair stylist

Francisco teve como mestre Llongueras, um dos mais reverenciados cabeleireiros da Espanha.

Na Europa passou quatro anos trabalhando na Suíça, França e Itália. De volta ao Brasil, trabalhou ao lado do pai, um dos mais antigos e respeitados cabeleireiros de São Paulo, o catalão Rafael de la Lastra, dono do salão de mesmo nome.

Já no primeiro dia, deparou-se com um desafio: pentear uma mulata para a revista *Playboy*. Na época, apesar de poucos recursos para os cabelos étnicos, ele não se assustou. Acertou a mão e passou a assinar vários editoriais para revistas.

Foi dele a ideia de mostrar como um cabelo bem cortado e uma boa maquiagem têm o poder de mudar totalmente o visual de uma mulher. Nascia o "antes & depois", uma das seções mais lidas das revistas femininas.

Seus cortes encantam pela ousadia controlada e elegante. Ele valoriza a moda que realça e respeita o estilo de cada mulher.

Trabalha no salão de sua família, De la Lastra, em São Paulo.

Com toda sua experiência e talento, Francisco indica como identificar o melhor corte de cabelo para o cliente do personal stylist, conforme o formato do rosto e estilo pessoal.

Estilo dramático

Cabelo repicado nas laterais, de curto a comprido, com mais volume na parte superior e lateral da cabeça; penteado irregular na franja, dando um ar diferente, não muito certinho. Tipo de cabelo ideal para pessoas com formato de rosto longo e queixo quadrado, que necessitam movimento no cabelo para suavizar os traços.

Estilo romântico

Cabelos ondulados, enfatizando o estilo romântico. As ondas foram feitas de baixo para cima. O rosto é pequeno, por isso Francisco procurou criar volume na parte superior do cabelo, para o rosto ficar maior, mais alongado. Cabelo ideal para a mulher romântica moderna.

Estilo sexy

Cabelo ideal para formatos de rosto oval ou comprido, pois a franja diminui a distância entre a testa e o queixo, deixando o rosto com formato mais redondo. O volume lateral também contribui para que o rosto tenha efeito mais arredondado. O cabelo é bem desfiado, em pontas, texturado, rasgado com a tesoura.

Estilo elegante

Cabelo ideal para rostos em formato de pera ou triangulares – queixo fino e estreito e a parte superior mais larga. Para amenizar os traços do rosto, joga-se uma franja na parte superior para disfarçar (diminuir) a parte maior do rosto, deixando o queixo livre e criando um equilíbrio. Esse corte é bem desfiado, curto e com volume; o repicado começa da orelha para baixo.

Estilo criativo

Cabelo bem desfiado, com a parte superior mais curta. A franja é cortada em diagonal do curto ao comprido na lateral, cobrindo a metade do rosto, o que lhe dá efeito mais arredondado. Cabelo ideal para rostos ovais e compridos.

Estilo esportivo

Cabelo bem irregular, ideal para rosto redondo devido ao volume na parte superior; sem a franja, cria mais distância do queixo à testa. Com maior volume superior, é possível dar o efeito de rosto oval mais comprido. Cabelo bem desfiado de forma irregular, ideal para a esportista prática (do tipo lava, mexe e vai embora).

Estilo tradicional

Franja longa na parte frontal com repicado nas laterais e nuca; a parte superior tem fios mais retos. É um cabelo que tem variações, que se pode

jogar tanto para frente quanto para trás. Ideal para rosto quadrado, pois tem muito movimento, por ser desfiado na nuca.

Duda Molinos

Maquiador

Duda nasceu em Porto Alegre e foi ali que teve os seus primeiros contatos com a arte, pois frequentou aulas de desenho e pintura no Ateliê de Arte da Prefeitura de Porto Alegre.

Ainda na capital gaúcha, suas primeiras experiências no universo da maquiagem se deram no salão Scalp, onde apresentava a cada mulher um *layout* diferente, que definia seu estilo pessoal.

Em 1984, carregou sua maleta de maquiagem e passou a fazer parte do circuito da moda paulistana como criador de beleza.

A primeira criação de destaque no mercado foi com a modelo Cláudia Liz, num clique do fotógrafo J. R. Duran.

Já participou de vários desfiles internacionais trabalhando para Blue Marine, Dior, Lacroix, Gaultier, Pacco Rabanne, Pierre Cardin, Sonia Rykiel e Vivianne Westwood.

Vogue, Claudia, Elle, Etnic, MMM, Nova, Quem Acontece, Marie Claire, Vision, Freeze e *55* são algumas das capas e editoriais que tiveram sua concepção de cabelo e maquiagem, bem como as capas dos cds de Rita Lee, Cássia Eller, Zizi Possi, Daniela Mercury, entre outros.

Foi convidado pela Rede Globo de Televisão para compor o visual do primeiro elenco do programa *Fama* e dar dicas de beleza no programa *Mais você*.

Assinou a coluna "Personagem" na revista *Quem Acontece*, na qual transformava personalidades em grandes celebridades.

Ao longo de sua carreira, acumula premiações como Phytoervas Fashion Awards (1997 e 1998), Avon Color, Abit (melhor maquiador de 2001), entre outros.

Em 2000, lançou o livro *Maquiagem*[24] (que já está em sua 11ª edição) e em 2002 lançou o portfólio *on-line*, em conjunto com o Portal da Beleza.

Duda continua pesquisando, se informando, para transmitir suas técnicas e seus conceitos de maquiagem, moda e beleza.

Vamos conferir alguns ensinamentos do maquiador Duda Molinos.

> Maquiagem não serve apenas para embelezar. É um poderoso acessório que reforça o estilo, a personalidade ou a atitude que você quer ter num determinado dia, num certo lugar.

---

[24] Duda Molinos, *Maquiagem* (São Paulo: Editora Senac São Paulo, 2000).

> Lição número um de maquiagem: é sempre melhor menos do que mais.[25]

Alguns truques de maquiagem podem muito bem ajudar a definir melhor o estilo da pessoa.

Para definir o estilo da maquiagem, deve haver muita coerência com o que o cliente quer. O profissional pode

> seguir uma única inspiração, combinando a maquiagem com a roupa que [a pessoa] vai vestir, o lugar aonde vai, a atitude do momento, ou, ao contrário, tratar a maquiagem como elemento de transgressão.[26]

Se seu cliente vai a uma festa com *tailleur* e um penteado normal, sugerindo um estilo clássico, e resolve passar um delineador extravagante, sintonize com o estilo, seja ele qual for. E não se esqueça de que muitas mulheres usam a maquiagem como protagonistas de seu estilo.

> Não boto fé nessa história de tonalidades apropriadas para cada tom de pele. O seu estilo pessoal é quem comanda o jogo de criar sintonias ou contrastes com a maquiagem.[27]

---

[25] *Ibid.*, p. 15.
[26] *Ibid.*, p. 17.
[27] *Ibid.*, pp. 21 e 22.

Dicas de Duda Molinos

- A maquiagem tem de combinar com o tipo que a cliente adotou.
- Golas altas, volumosas, brincos gigantes, colares de mil voltas, joias poderosas, tudo isso interfere diretamente no estilo do cabelo e da maquiagem, pois disputa com o destaque do rosto.
- Após duas ou quatro horas de uso, a maquiagem evapora, escorre, aquece. Mesmo que seja retocada, não dá a mesma cobertura.
- Não há nada mais clássico na história do desenho das formas humanas do que o jogo de luz e sombra, com duas regras básicas: o escuro afasta, esconde. O claro aproxima, grita, salta.
- Com a sombra você cria cavidades onde não há, muda os contornos. Com a luz você destaca, ilumina, faz saltar o que estava escondido.
- Sem estar preso a padrões preestabelecidos de beleza, mas respeitando apenas algumas características do rosto, é possível combinar técnicas de correção e texturas de maquiagem para dissimular, enganar ou iludir gostosamente quem vê. Nada sai do lugar, nem encolhe, nem muda de cor para sempre. Em doses acertadas, o rosto "funciona" melhor.

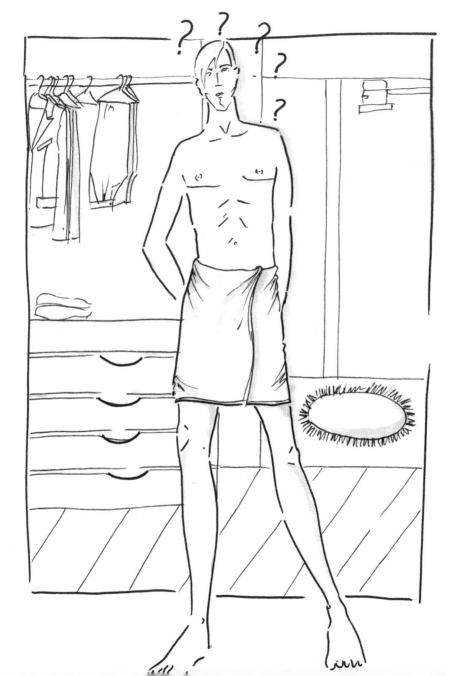

"Faça da roupa uma linguagem que reflete as mudanças que se passa na vida."

Fernando de Barros[28]
O homem casual: a roupa do novo século.

---

[28] Fernando de Barros (1915-2002): Nascido em Lisboa, foi jornalista, diretor e produtor de cinema e teatro, e editor de moda da revista *Playboy*. Renomado autor de reportagens e livros sobre moda masculina, foi sinônimo de elegância no trato e no estilo.

Conceitos masculinos

Deve haver conexão entre roupa, conforto e o gosto pessoal de seu cliente; as regras de elegância ficam combinadas ao gosto de cada um ao se vestir.

O guarda-roupa masculino tem maior longevidade do que o feminino, pois as tendências masculinas não mudam tanto quanto as femininas. Essa é mais uma razão para o profissional ser bem seletivo na escolha das roupas de seu cliente, tirando da moda apenas o que interessa para constituir um guarda-roupa prático e eficiente, e sempre atento aos mínimos detalhes.

A seguir vamos analisar os estilos masculinos. Não se esqueça de que elegância e qualidade são, mais do que nunca, importantes em qualquer um dos estilos.

Estilos

Estilo esportivo

- Homem prático, comunicativo, casual, básico e alegre.
- Gosta de roupas confortáveis e funcionais com *design* esportivo.
- Cores: neutras, tons terrosos, cores vivas e pastel.
- Tecidos: firmes e texturados.

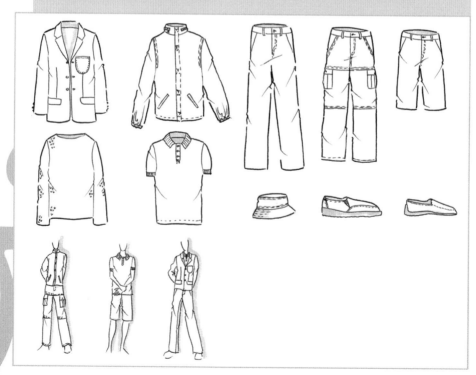

Estilo elegante

- Homem que esbanja charme, personalidade e refinamento. É imponente e exigente.
- Gosta de roupas bem talhadas, com poucos detalhes, de boa qualidade e suavemente estruturadas.
- Cores: monocromáticas, neutras, escuras para ternos e gravatas e claras para camisas.
- Tecidos: opacos, lisos sem textura, fluidos.

Estilo tradicional

- Homem organizado, conservador e formal. Parece faltar-lhe um toque pessoal no estilo.
- Gosta de roupas com linhas retas e poucos detalhes.
- Cores: neutras para ternos, claras para camisas e escuras a médias para gravatas.
- Tecidos: opacos, lisos e estruturados.

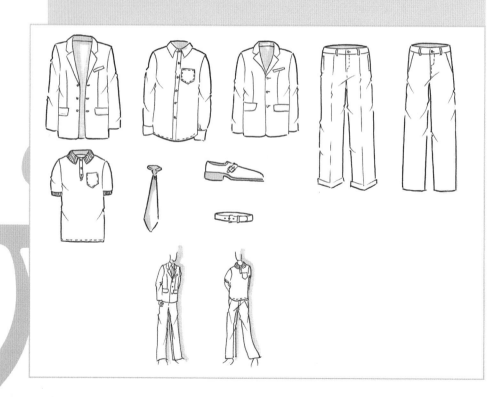

Estilo romântico

- Homem ao mesmo tempo elegante e romântico.
- Opta por formas desestruturadas, com silhueta em forma de ampulheta larga.
- Cores: leves, sem contraste, claras, monocromáticas ou análogas.
- Tecidos: semiopacos, fluidos, lisos ou com leve textura.

Estilo sexy

- Homem muito preocupado com seu físico, confiante, namorador, sensual. São loucos por grifes caras – é a verdadeira perua na versão masculina.
- Gosta de roupas que modelem o corpo e que façam aparecer alguma parte dele; a silhueta é em forma de ampulheta com cintura bem definida.
- Cores: fortes; preto e azul.
- Tecidos: variados e misturados.

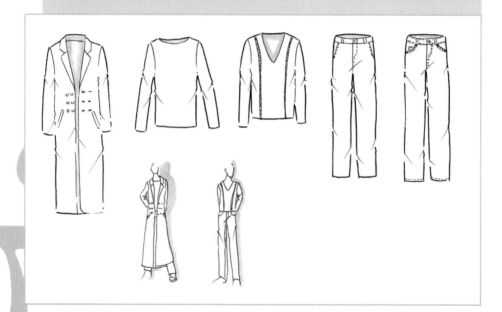

Conceitos masculinos

Estilo criativo

- Homem anticonvencional, original, autoconfiante e aventureiro.
- Estilo caracterizado pela mistura.
- Cores: tons terrosos, sombrios ou néon.
- Tecidos: variados e misturados.

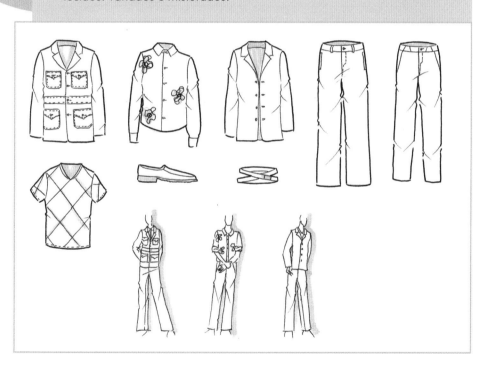

Estilo dramático (moderno)

- Homem cosmopolitano, firme e sofisticado. Estilo que faz um mix de tendências internacionais.

- Opta por formas estruturadas. Apresenta silhueta em forma de triângulo invertido com os ombros destacados.

- Cores: neutras para os ternos e escuras a médias para as gravatas. As cores vivas também estão presentes nesse estilo.

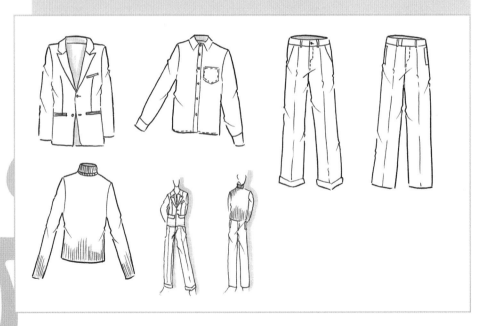

Tipo físico

É pela análise do tipo físico que usamos a ferramenta da moda para valorizar o que é bonito e esconder o que não queremos que sobressaia.

Uma roupa desproporcional em relação ao corpo destrói qualquer look por mais harmonioso que ele seja.

Homem de estatura baixa

Aposte em:

- look do mesmo padrão de tecido e cor
- riscas verticais
- calça na cintura
- ombreiras discretas
- blazer que modela mais o corpo
- padronagens miúdas (listras, estampas)
- camisas com lapelas pontudas e colarinho mais estreito

Evite:

- barras italianas
- sapatos de salto alto
- gravatas e lapelas largas
- paletós, jaquetas ou parcas largas e/ou muito compridas
- calças de cavalo baixo

Homem com sobrepeso

Aposte em:

- cores escuras e listras discretas
- malhas lisas e com elasticidade
- corte reto nos paletós e blazers, ligeiramente mais justos na parte de baixo
- paletós cobrindo o quadril
- looks monocromáticos escuros
- camisas em tom mais escuro
- calça de cor mais escura e com cós na altura do umbigo – para disfarçar a barriga proeminente

Conceitos masculinos

Evite:

- mangas muito largas ou muito justas
- calças com pregas
- ombreiras em evidência
- lapelas largas
- paletós acinturados
- coletes, pois dão mais volume
- listras horizontais
- estampas chamativas
- camisetas curtas e justas de cor clara
- roupas coloridas ou brilhantes
- malhas caneladas

Homem do tipo atleta

Aposte em:

- roupa esportiva

Evite:

- camisas mais justas – o ideal é que caiam confortavelmente sobre o corpo
- ombreiras
- listras horizontais
- estampas exageradas
- roupa social justa, tanto calça quanto paletó

Homem de estatura alta

Aposte em:

- listras horizontais
- calça com barra italiana
- camisas coloridas, pois vão chamar mais atenção do que a altura
- ombros maiores
- paletós um pouco mais compridos
- calças com pregas

Evite:

- gravatas muito finas
- camisas e malhas de listras largas verticais
- look monocromático
- calça de cós muito alto ou muito baixo

Homem com barriga pronunciada

Aposte em:

- cós da calça na altura do umbigo
- jaquetão – desde que não seja de estatura baixa
- camisas de cores escuras
- tecidos mais pesados e com boa caída, sem marcar a gordurinha

Evite:

- coletes
- camisas justas e curtas
- estampas grandes

Guarda-roupa masculino inteligente[29]

Não poderia deixar de reproduzir o guarda-roupa inteligente inspirado em Fernando de Barros, por ele ter sido um dos homens que mais entendiam de moda masculina.

- 1 calça social cinza e 1 preta
- 1 ou 2 calças de algodão tipo casual
- camisas polo
- malhas de algodão
- blazer social bege ou cinza
- camisa de algodão tipo casual quadriculada ou listrada
- *jeans* casual azul-escuro e lavado
- calça cáqui tipo casual
- 2 ou 3 gravatas sociais de cores discretas
- meias escuras nas cores preto, azul e marrom
- sapatos pretos e marrons em versões menos clássicas – o mocassim é ideal ou *docksider*
- camisa social branca ou azul

[29] Fernando de Barros, *O homem casual: a roupa do novo século*, pp. 92-94; *Manual da elegância* (São Paulo: Caras, 2002).

- camisas esportivas
- 1 confortável sapato social preto e 1 marrom
- terno escuro
- 1 cinto de couro preto e 1 marrom
- camisetas brancas
- tênis branco
- algumas bermudas
- cuecas
- 2 pulôveres
- 1 jaqueta que combine com o *jeans*

Vestindo o homem executivo

Dicas

- Paletó e calça podem ser de tecidos diferentes desde que a combinação seja harmoniosa. Cuidado para não combinar paletó de lã grossa com calça leve de algodão.
- Se quiser brincar com as cores, use as tradicionais no paletó e calça e deixe as cores diferentes para a camisa ou a gravata.

- As pontas da gravata devem terminar juntas e acabar onde começa a fivela do cinto.

- Camisa de manga curta não fica bem com paletó.

- A largura ideal para o paletó é aquela em que o homem não se sente sufocado quando senta com o paletó fechado.

- Combinar as peças do guarda-roupa sem cair na monotonia, montando looks com calças e paletós de cores diferentes.

- A calça tem a medida certa quando a barra cai sobre o tornozelo, cobrindo as meias quando o homem está de pé. Não deve ser nem muito agarrada e nem muito folgada no corpo. Deve ser bem ajustada na cintura, sem que haja folga no cós.

- Quanto menos as meias aparecerem, melhor. A cor da meia deve combinar com a cor da roupa.

- Lembre-se de que a camisa ilumina o rosto. As brancas e azuis favorecem a maioria dos homens.

- As camisas de microfibras são excepcionalmente leves e duráveis; o tecido pode ser ou não liso.

- Verifique as costuras e forros. Quanto melhor a roupa por dentro, melhor caimento terá.

- Os paletós devem ter caimento perfeito. As aberturas nas costas e as golas devem ficar lisas, sem rugas.

- Os jaquetões transpassados devem ter botões e casas internos para manter o alinhamento perfeito.

- Os sapatos masculinos devem ser pretos ou marrons. Sapatos cinza ou bege não devem ser usados.

- Aposte em roupas e acessórios de qualidade.

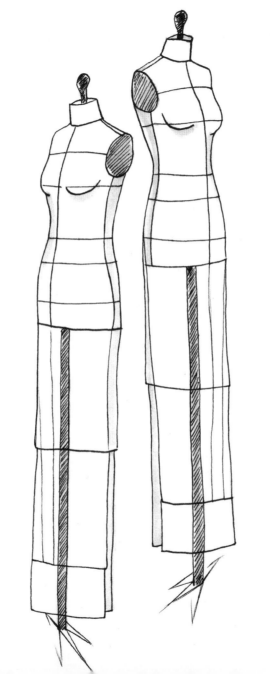

Personal stylists/consultores de imagem de sucesso

Este capítulo tem como objetivo abordar um pouco do histórico e experiência profissional de alguns personal stylists/consultores de imagem.

Cada profissional traçou seu caminho de maneira personalizada.

Cláudio Vaz aprendeu a vestir uma pessoa pela vivência como vendedor de loja, e iniciou seu trabalho como personal stylist sem saber que a profissão tinha esse nome. Hoje ele veste pessoas famosas como o ex-presidente Fernando Henrique Cardoso.

Ilana Berenholc é uma profissional que se dedica muito ao estudo da profissão, fez vários cursos tanto no Brasil quanto no exterior. Teve como mestra a consultora de imagem Marlene Tarbill, para a qual estagiou por muito tempo.

Marlene Tarbill é grande fonte de referência neste campo da moda. Com mais de trinta anos de experiência na profissão, grande parte nos Estados Unidos, desempenha seu trabalho com maestria.

Nazareth Amaral sempre foi apaixonada por figurino de cinema e produção de moda para comerciais. Sua fama de profissional competente foi a passagem para o cargo de personal stylist do ex-presidente Luiz Inácio Lula da Silva.

Patrícia Tucci é autodidata e já no início de sua carreira foi convidada para participar de um dos sites de moda mais acessados da internet; a partir daí sua carreira decolou. A americana Diane Parente e a inglesa Lynne Marks mostram claramente em suas entrevistas que a organização e o planejamento no trabalho são essenciais.

Fabrício Sens e Cirio Sens são cabeleireiros diferenciados, cujo conhecimento de moda e de cabelo os auxilia na execução de seu trabalho; trata-se de uma nova profissão que surge no mercado, o personal hair stylist.

Não importa a maneira pela qual cada um desses profissionais de moda direcionam seus trabalhos, mas todos apresentam um denominador comum: desenvolver um trabalho sério, competente e baseado em muito conhecimento na área.

Só resta nos deleitar com suas experiências.

Marlene Tarbill

Consultora de imagem

> "O segredo de se vestir bem é o mesmo de se fazer bem qualquer outra coisa. É ter conhecimento daquilo que se está fazendo e por que o está fazendo."

Marlene Tarbill, muitos anos atrás, era chefe de pessoal da Escola de Administração de Empresas de São Paulo da Fundação Getúlio Vargas quando se mudou para São Francisco, Califórnia, onde começou sua carreira no campo da moda.

Depois de fazer vários cursos de proporção, cor e estilo e de trabalhar em várias butiques, a fim de adquirir conhecimentos sobre *merchandise*, estilistas e clientes, tornou-se consultora de moda.

Trabalhou para a loja de departamentos Saks Fifth Avenue como personal shopper, e dois anos depois abriu seu próprio estúdio de consultoria de imagem.

Foi a primeira estrangeira a ser aceita como membro da Association of Image Consultants International (Aici), em 1987, em São Francisco, da qual é representante no Brasil. Em 1989 estabeleceu a filial da Aici em Boston, recebendo o prêmio pelo compromisso, pela dedicação e contribuição à associação.

Em 1990 passou a fazer parte do Fashion Group International, com sede em Nova York, para os *tops* profissionais que influenciam os vários setores da indústria da moda no mundo.

Ninguém melhor do que ela para passar um pouco de seus conhecimentos.

> Muita gente acha que a roupa não é importante. Ouço muito as pessoas dizerem que a "roupa não me faz, eu faço a roupa", ou "o importante não é a roupa, mas quem a veste", o que não deixa de ser verdade, desde que se conheça muito bem quem a está vestindo; do contrário, a roupa vai falar muito sobre a pessoa.
>
> Por exemplo, se alguém que não me conhece encontrar-me na rua usando um macacão e um bonezinho cor de cenoura, com uma vassoura na mão, vai pensar que eu sou uma consultora de imagem ou uma margarida?[30] Claro que uma margarida, pois a minha roupa está dizendo quem eu sou.
>
> Poderia ficar horas e horas trocando de roupa, identidade ou profissão; poderia transformar-me em uma freira, enfermeira, policial, cigana. Porém acho que já consegui o meu objetivo: provar que a roupa possui uma mensagem, ou seja, a roupa e a nossa aparência contam uma historinha a nosso respeito.

---

[30] "Margarida" seria o feminino de gari.

Pesquisas mostram que a imagem criada pela nossa aparência assume uma grande importância na maneira pela qual as pessoas nos julgam.

Nunca a imagem esteve tão presente na consciência e nos olhos do público como agora. E nunca a imagem foi uma parte tão importante de nossas vidas.

É por isso que, de acordo com os *experts*, a profissão de consultora de imagem/personal stylist foi uma das que mais cresceram nos anos 1990.

Imagem, de acordo com os dicionários, é a "representação mental que temos de um objeto, uma impressão".[31] Porém, de todas as definições, a que mais gosto é aquela que diz: "Imagem é como um veículo que pode nos levar a qualquer lugar, desde que saibamos como usá-lo".

A melhor maneira de transmitir nossa imagem é encontrar nosso estilo.

Porque, ao encontrá-lo, a roupa passa a dizer a todos: "Eu sei quem sou, sei o que quero, sinto-me segura, feliz e confortável comigo mesma e com minha aparência".

Mas, para dizer com segurança que encontramos o nosso estilo, precisamos saber usar a roupa que nos complemente fisicamente, que expresse a nossa personalidade, que seja apropriada para a ocasião e que esteja adaptada para a moda atual.

Moda também é importante. Contudo, primeiramente, devemos encontrar o nosso estilo, e depois ir em direção à moda, de acordo com a nossa personalidade e preferência, sem deixar que ninguém dite o que devemos usar.

---

[31] Aurélio Buarque de Holanda Ferreira, *Novo dicionário da língua portuguesa* (Rio de Janeiro: Nova Fronteira, 2000).

Existe uma grande diferença entre estilo e moda. Chanel já dizia: "Estilo fica para sempre, enquanto a moda vive mudando" e "A moda foi criada para sair da moda".

Os dicionários definem estilo como "modo de exprimir-se falando, escrevendo ou vestindo-se" e moda como "uso passageiro que regula a forma de vestir".

Não seria ótimo se moda e estilo fossem como a matemática (2 + 2 = 4)?

"Vista um terno ou um *tailleur* azul-marinho e uma camisa branca e estará devidamente vestida para qualquer ocasião, seja qual for a sua personalidade e/ou característica física." Perfeito, não?

Mas sabemos que não é tão simples assim. A verdade é que não somos todos iguais. Cada pessoa é uma pessoa, e expressar nossa individualidade é um ponto alto de nossa vida. Ninguém quer enviar mensagens confusas a seu respeito. Queremos que todos saibam quem realmente somos, e nossa roupa e aparência podem contribuir muito para isso.

O segredo de se vestir bem é o mesmo de se fazer bem qualquer outra coisa. É ter conhecimento daquilo que se está fazendo.

Tanto a consultoria de imagem como o personal stylist ajudam a encontrar o nosso estilo: análise de cores, proporção e estilo, além de projetar, por meio da roupa, uma imagem de segurança, refinamento, bom gosto, credibilidade e sucesso – o que, convenhamos, aumenta o charme de qualquer um.

São vários os benefícios que temos ao encontrar o nosso estilo:

- Fazer a roupa trabalhar a favor e não contra a nossa figura.
- Comprar menos, pois compramos com segurança aquilo que se relaciona conosco, no universo das opções que as lojas oferecem.

Comprando menos podemos investir em melhor qualidade, o que significa maior durabilidade e um look mais chique.

- Expandir o guarda-roupa, coordenando peças novas com as já existentes.
- Evitar enganos desagradáveis e dispendiosos, como comprar itens que não têm nada a ver conosco, e que só servem para encher o guarda-roupa e arruinar o dia quando os vestimos. (Para mim não existe nada pior do que não me sentir bem no traje que estou usando.)

Com um guarda-roupa cuidadosamente planejado quanto à proporção, à cor e ao estilo, usamos (e curtimos) muito mais as roupas: é o resultado do nosso investimento, e o mais importante: damos identidade e continuidade ao nosso look.

A visão da análise da proporção, segundo Marlene

É a relação do tamanho de cada parte comparada com o corpo como um todo.

Quando dividimos o corpo de uma pessoa, verticalmente, em quatro partes e esses quadrantes são absolutamente iguais, podemos dizer que essa pessoa tem a figura ideal.

O corpo pode ter a figura ideal em partes diferentes. Às vezes somente as pernas, o torso, a cintura ou o pescoço isoladamente a são.

Devemos, portanto, assumir o nosso corpo, aceitá-lo e aprender a usar o tipo de roupa ideal para ele. Não devemos, no entanto, encarar essas variações como problemas, porque, considerando a silhueta como um todo, essas variações podem afetá-la muito pouco.

Mas, a fim de selecionar a roupa certa para o nosso corpo e criar aquele look que vai nos deixar divinos, é necessário antes entender o tipo de corpo que temos. Esse look é extremamente influenciado pelas nossas características físicas (corpo, coloração e personalidade).

Se todos nós tivéssemos o corpo perfeitamente proporcional, poderíamos usar o tipo de roupa que quiséssemos. Mas, como ninguém é perfeito, recorremos ao uso da linha, cor e textura para criar a ilusão de um corpo equilibrado. Entendendo simplesmente em que parte o corpo é mais longo ou mais curto, mais largo ou mais estreito, seremos capazes de adaptar a roupa às nossas necessidades específicas.

O que equivale dizer, então, que a figura ideal é basicamente uma questão de ilusão de óptica.

Estilo dá substância à moda e permite que as pessoas se vistam com um propósito: dizer a todos quem elas são e transmitir a mensagem que desejam.

Para encontrar o nosso estilo, precisamos nos conhecer e conhecer os estilos.

Se tivermos consciência dos nossos hábitos e atitudes, se aprendermos a mensagem e a força de cada estilo, e se entendermos o que o estilo pode fazer por nós, seremos capazes de selecionar aqueles estilos que sincronizam conosco, refletindo sempre com precisão quem realmente somos e quais são as nossas prioridades.

Cada estilo tem seu próprio mérito e nenhum tem natureza superior ao outro. Todos eles podem ser apreciados por sua contribuição específica ou particular.

O estilo pode ser um aliado poderoso para nos ajudar a alcançar os nossos objetivos. Se desejarmos diversão, credibilidade, *status*, romance, sexo, individualidade ou ser reconhecidos, nosso estilo pode comunicar essa mensagem e nos apoiar na realização dessas aspirações.

Não manifestar interesse pela maneira como cobrimos o nosso corpo é absurdo. Ninguém se veste simplesmente para se aquecer ou evitar ser preso por andar nu. Todos nós temos um desejo íntimo de ter uma aparência bonita, que expresse a nossa individualidade e nos deixe mais jovens e atraentes.

Muitas pessoas, porém, renunciam a esse desejo porque não sabem o que é certo ou errado para elas vestirem.

Infelizmente existem muitos textos e publicações que, com a intenção de facilitar a tarefa de comprar a roupa, contribuem para dificultar, generalizando os tipos de corpo, personalidade, cor e outros detalhes que formam o look individual.

Toda pessoa é única. Descubra quem você é e crie o seu próprio estilo. Você é quem você é. Não tente se modificar e acabar se tornando uma imitação barata e de mau gosto. O seu estilo deve refletir você e não outra pessoa!

Analise suas características físicas, sua personalidade e aprenda a usar a roupa de maneira inteligente, investindo pouco tempo e dinheiro no seu vestuário.

Se você comprar em Paris, Nova York, Londres ou Milão, em uma butique local ou no mercado das pulgas, o seu look pode ser divino.

O importante não é onde se compra ou o quanto se gasta, mas o quanto se sabe na hora de comprar a roupa.

Encontre o seu estilo pessoal e estará no caminho certo para parecer uma pessoa segura, refinada, de bom gosto, bem-sucedida, digna de crédito.

Ilana Berenholc

Consultora de imagem

> "Quando estamos bem com nós mesmos, estamos livres para prestar mais atenção em outras coisas."

Formada em Publicidade e Propaganda pela Escola de Comunicações e Artes da USP, em 1994 foi para os Estados Unidos se especializar na área de Consultoria de Imagem na Look Consulting International, fazendo parte de seu currículo análise de cores, estilo pessoal, guarda-roupa masculino e personal shopping. No Canadá fez cursos na área de etiqueta, desenvolvimento pessoal e profissional e relacionamento humano. É membro da Aici.

Ilana analisa seu trabalho como pertencente à área de comunicação não verbal, ou seja, a comunicação humana sem o uso das palavras. A ferramenta maior de seu trabalho é a roupa e a aparência.

> Várias pesquisas na área de comunicação não verbal mostram que o visual e a aparência são ferramentas de comunicação muito fortes. As pessoas têm uma percepção do que somos muito baseadas na imagem que transmitimos, como nos vestimos e nos apresentamos. O trabalho de consultoria de imagem é delicado, pois qualquer mudança na imagem altera a percepção que os outros têm de você. Uma mudança drástica pode fazer com que as pessoas o vejam de uma forma estranha e não saibam mais como se relacionar com seu novo eu.
>
> Quando mudamos o corte de cabelo, as pessoas que estão à nossa volta já estranham; imagine mudar completamente o visual?!
>
> A mudança de imagem é algo delicado, pois afeta a todos que estão em volta de seu cliente. Assim, um marido acostumado com a mulher que nunca chamou atenção pode se sentir bastante incomodado. O que parece superficial na verdade não é.
>
> O meu trabalho é voltado para a imagem do cliente, analisando as características físicas, personalidade e estilo de vida dele.

Ilana conta que começou sua profissão reunindo pessoas que conhecia para uma palestra a respeito do seu trabalho, e assim foi conquistando clientes boca a boca.

> Quem quer ingressar nessa profissão tem de estar consciente de que isso não é um *hobby*, mas sim um trabalho profissional, e exige estudo e dedicação.
>
> Muitas pessoas levam a sério a frase que diz: "a moda está na moda", muitos acham que apenas gostar de moda e fazer compras é o suficiente

para trabalhar com moda. Para vestir uma pessoa muitos fatores têm de ser levados em consideração, como abrir mão do seu gosto, pois o profissional está vestindo outro ser humano com valores e realidades diferentes dos dele, e muitas vezes o que funciona para você não funciona para o outro.

Você tem de trabalhar tanto com gente quanto com roupas, não é só dar dicas de moda, é um trabalho muito mais profundo. Você precisa conhecer moda e estar bem informado sobre ela, conhecer nomes de roupas, de estilistas, de tecidos, de marcas, de lojas e a história da indumentária. É preciso saber trabalhar com diferentes tipos de orçamentos e estilos de pessoa. Acredito que a habilidade de relacionar-se é tão ou mais importante que a habilidade de lidar com as roupas.

Flexibilidade, decisão, diplomacia, honestidade e tato são fundamentais ao profissional – e saber ouvir também é.

Para se aprimorar, o ideal é fazer cursos na área de consultoria de imagem, análise de cores e também ler muitas revistas e livros da área de moda; ir a shoppings, assistir a programas de tevê que abordem o assunto são de grande importância. O ideal seria, depois de se especializar, fazer um curso fora do Brasil – Ilana indica os Estados Unidos, especificamente Nova York ou São Francisco. É importante ser integrante da Associação Internacional de Consultoria de Imagem. Lá os estudantes ficam sempre informados sobre cursos. Caso o profissional queira fazer a especialização fora, Ilana aconselha buscar o maior número de informações, pois os Estados Unidos têm uma cultura de vestuário bem diferente da nossa, e o profissional acaba tendo de adaptar tudo ao estilo brasileiro. Essa é a grande vantagem de fazer a especialização no Brasil, pois tudo está adaptado à nossa cultura.

O passo a passo do trabalho de um consultor de imagem, segundo Ilana

No primeiro contato, o cliente recebe um questionário com várias perguntas a respeito de sua personalidade; diz o que gosta e o que não gosta e o consultor analisa o guarda-roupa, faz o estudo das cores e analisa o tipo físico.

> No estudo da imagem vou analisar como a pessoa é, a personalidade do cliente, e também onde mora, que tipo de atividade tem, se trabalha, qual a profissão, como gostaria de ser visto em casa e socialmente. Procuro não impor nada sem antes saber quem é esta pessoa; na verdade vou analisar o cliente pelas informações, daí defino sua imagem. Sem saber é o próprio cliente que me diz o que vai vestir e eu forneço as ferramentas para que ele consiga fazer isso sozinho.

> No tipo físico, analiso o que o cliente tem e o que não tem de legal no corpo. Às vezes ter seios grandes pode ser motivo de complexo para uma, porém outra mulher os toma como vantagem. Na verdade eu tento sair dessas regras, do que é feio e bonito, e tento descobrir na pessoa o que ela tem de legal para ser valorizado, qual o ponto forte dela e de que maneira ela se sente bem com aquilo, aprendendo a camuflar o que não tem de bonito, ou seja, aprender a vestir aquele corpo.

Um grande diferencial no trabalho é a análise de cores. A cor desempenha um papel crítico na formação da imagem. A análise de cores tem como objetivo selecionar aquelas que mais valorizam e complementam o cliente e aquelas que vão harmonizá-lo; esse processo facilita a compra de roupas e acessórios. Na análise de cores, leva-se em conta o tom de pele, a cor dos olhos e dos cabelos do cliente; aí então determina-se quais cores mais o favorecem. As cores escolhidas são aquelas que realçam e têm as mesmas qualidades da sua coloração pessoal, valorizando a aparência. A combinação de peças no guarda-roupa torna-se mais fácil e variada depois dessa análise. Além disso trabalha-se a psicologia ligada à mensagem das cores.

Depois da análise, é feito um dossiê que conterá todos os resultados do estudo relativo ao cliente. Esse dossiê é um livro de referência, no qual constam informações sobre a imagem do cliente, o que ele deve usar e evitar e o porquê. O cliente recebe informações sobre cores e acessórios que caem particularmente bem, roupas que se adaptam ao tipo de físico e estilo pessoal, etc. O cliente também recebe as fotos dos modelos que deve usar, informações sobre cuidados especiais e regras de moda. O dossiê inclui o leque de cores que o cliente deve levar nas compras.

O próximo passo é fazer o *closet clearing*, isto é, uma limpeza no guarda-roupa do cliente. Nessa etapa são eliminadas as peças que não se usam mais, analisando o que pode ser reformado. Fazem-se as montagens de looks, sempre baseados nos estudos feitos. A montagem de looks é feita para ocasiões específicas.

> Um exemplo é se a pessoa está tendo dificuldades para se vestir para o trabalho, eu planejo cerca de vinte looks, coordeno as peças que ela tem no guarda-roupa, fotografo e monto um álbum de fotos com os looks prontos para ela se vestir.

Chegada a hora das compras, a primeira medida é saber o que falta no guarda-roupa do cliente e qual é o orçamento disponível. Baseada nas necessidades específicas do cliente, Ilana vai até as lojas e faz uma pré--seleção das peças, posteriormente leva o cliente para fazer as provas e efetuar as compras – algumas vezes ela leva a roupa até o cliente. Em geral ela trabalha com as mesmas lojas por questão de confiança.

> É importante que as roupas tenham qualidade, bom caimento e durabi-lidade. Conhecer a política da loja caso seja preciso efetuar uma troca, pois isso é responsabilidade do profissional. Nesse trabalho, você [o profissional] está dizendo ao cliente em que investir seu dinheiro e precisa ser um bom investimento. Sou muito crítica; se a roupa não ficou ótima, eu não recomendo a compra.

Na hora da compra é preciso analisar vários fatores como caimento, durabilidade, flexibilidade, facilidade de uso. É importante lembrar que o consultor é o canal para o cliente descobrir o que combina com ele, e a palavra final é sempre do cliente.

> Apesar de os serviços prestados serem os mesmos, cada cliente é tratado diferencialmente e o resultado final de cada trabalho é único. Não acredito numa padronização do trabalho. Faço um atendimento individual e personalizado, pois cada cliente me procura por razões específicas, e meu objetivo é satisfazer suas expectativas iniciais e esclarecer suas dúvidas. Depois de uma conversa inicial, indico qual o melhor caminho que poderemos seguir e é feito um orçamento.

Os objetivos que levam as pessoas a procurarem os serviços de Ilana são diversos; algumas não sabem se o vestir tem ou não um estilo definido; querem aprender a valorizar o tipo físico; estão em busca de um guarda-roupa mais prático ou querem esclarecer algumas dúvidas – necessidade profissional por terem sido promovidas –, ou com a intenção de mudar a percepção das pessoas a respeito delas.

A frequência com que o cliente procura o retorno do serviço de Ilana é bem variada: alguns encontram necessidade de fazer uma reciclagem uma vez por ano; outros, três vezes; e outros ainda fazem a consulta apenas uma vez para aprenderem a se vestir sozinhos. Muitos têm bom gosto e só procuram o serviço para se aprimorar ou se conhecer melhor.

Apesar de o número de clientes do sexo feminino ser bem maior, o número de homens que procura por esse serviço vem aumentando – em geral executivos ou profissionais liberais. O público masculino é bem diferente do feminino; geralmente é bem mais objetivo e tem uma preocupação maior com sua imagem do que com a moda propriamente dita. Obviamente a abordagem do trabalho deve ser diferente, pois o homem procura por soluções práticas para o dia a dia e espera respostas objetivas. Assim, se torna um cliente mais fácil, que dificilmente discorda do profissional. Desde o momento da contratação, ele confia no consultor e segue o que é dito por ele.

> A criação de uma imagem pessoal e profissional adequada, autêntica e atraente envolve um processo contínuo de avaliar e controlar o impacto da sua imagem e a resposta resultante, e que, com a orientação e as ferramentas apropriadas, pode abrir portas na sua vida pessoal e profissional. Ela aumenta a autoconfiança, autoexpressão, credibilidade e produtividade. Simplifica sua vida e orçamento, economiza seu tempo e elimina frustrações. É um processo que caminha com seus objetivos pessoais e profissionais,

encerra Ilana. Para vivenciar melhor a profissão, entrevistei uma cliente de Ilana, Tânia Maceira Martello, empresária paulista, que descobriu como se vestir adequadamente graças ao trabalho da profissional: "Gostei de Ilana pela sua objetividade, e aprendi com ela que qualidade não é moda".

Tânia aprendeu a não comprar por impulso, a examinar quais as cores que a valorizam e a conhecer os pontos fracos e fortes em seu tipo físico. Quando faz compras com Ilana está certa de que adquiriu a roupa apropriada, que vai usá-la e que é um dinheiro bem empregado. "Fiquei com um guarda-roupa enxuto para todas as ocasiões e fácil de combinar." Tânia conta que quando viaja leva uma mala pequena, pois tudo combina com tudo – poucas peças que fazem grandes efeitos.

E, graças ao trabalho realizado, as amigas elogiam sua elegância, além de acharem-na mais magra.

Fabrício Sens e Cirio Sens

Personal hair stylists

> "A roupa é a base, por cima dela se cria o cabelo e a maquiagem."

Fabrício Sens, aos 17 anos, partiu de sua terra natal, Ituporanga, Santa Catarina, com destino a Florianópolis, para unir-se a seu irmão Cirio Sens na carreira de cabeleireiro. Fez curso de cabeleireiro no Senac de Florianópolis, que foi a base de sua profissão.

Trabalhando em parceria com Cirio, em pouco tempo conquistaram as clientes mais desejadas da cidade pelo atendimento domiciliar extremamente personalizado – era o início de carreira deles como personal hair stylists.

Hoje, Cirio e Fabrício são referência dentro do mundo da beleza. Participam do São Paulo Fashion Week e do Fashion Rio e, em pouco tempo de trabalho em São Paulo, foram responsáveis por trabalhos em revistas como

Vogue e *Nova*, entre outras de grande repercussão no Brasil. São agenciados pela Molinos & Trein, a qual julgam responsável pela abertura no campo de trabalho em grandes eventos.

A lista de famosos que já se sentaram em suas cadeiras é extensa, entre elas as apresentadoras Ana Maria Braga e Luciana Gimenez, as atrizes Nívea Stelmann e Cláudia Liz, a promoter Alicinha Cavalcanti, Joana Prado, Daniella Cicarelli, Suzana Alves, Fafá de Belém, Cássia Ávila, Marcos Mion e Ricky Martin.

Mas, afinal, qual é o diferencial do trabalho deles?

O atendimento personalizado abrange consulta com o cliente, análise do tipo de roupa que ele usa, como a usa, o dia a dia, profissão, vida social, estudo do formato do rosto, olhos e tom da pele. Levando em conta tudo isso, é criado um conceito para chegar ao cabelo ideal.

O estilo pessoal e o tipo físico do cliente são analisados detalhadamente, e Fabrício e Cirio discutem com ele todas as opções de cabelo indicadas para que não ocorra arrependimento no final do trabalho.

A grande preocupação deles é oferecer um atendimento não mecanizado, no qual o cliente senta na cadeira, é atendido em quarenta minutos, deixa um cheque alto e vai embora. "Ele pode ficar satisfeito com o trabalho, mas no dia seguinte pode estar totalmente arrependido do que fez", diz Fabrício.

Eles não atendem mais do que três clientes por dia, e o tempo de cada atendimento personalizado é decidido pelo cliente – pode ser o dia todo ou por três ou quatro horas. Eles enfatizam a importância do atendimento personalizado, em trazer de volta o diálogo entre cliente e profissional, a importância em fazer com que o cliente se sinta bem: "pelo bate-papo descontraído, vamos nos conhecendo, nos tornando amigos, e com isso vou conhecendo sua personalidade".

Fabrício afirma que seu grande rival é o shopping center e o analista, "você trabalha muito com a vaidade das pessoas".

Quando acham necessário, analisam o guarda-roupa de seu cliente para ter certeza de seu estilo pessoal, e contam que, se um dos clientes pede para que eles façam algum penteado que não seja muito bonito e que não lhe caia bem, é dever deles saber criar algo em cima do que foi pedido e que fique bem, elegante, sem mudar seu estilo pessoal.

É necessário ao profissional ter amplo conhecimento de moda, pois "a roupa é a base, por cima dela se cria o cabelo e a maquiagem", afirma Fabrício.

O personal hair stylist interage com a moda, conhecendo o trabalho de estilistas, participando de eventos de moda, sabendo quais roupas estão sendo usadas nas ruas, o que acontece nos grandes centros de moda como Paris, Nova York e Milão.

Fabrício e Cirio compram várias revistas de moda do Brasil e do mundo, pois é obrigatório ter uma boa noção para todos os gostos e estilos, e elas os ajudam a direcionar as tendências dos cabelos; o que está sendo moda hoje na Europa, demora de quatro a seis meses para chegar ao Brasil, e a moda que as pessoas procuram buscar é a moda das revistas.

Outra maneira que encontram para criar o cabelo e a maquiagem é visitar estilistas para saber o que está sendo planejado para a estação, desde os modelos das roupas até as cores que serão usadas, tornando essas informações referência para o trabalho deles.

No exterior – Londres, Espanha, Argentina e Nova York – trabalharam nos melhores e piores salões, pois julgam importante o bom profissional saber distinguir o que é bom do que é ruim.

A agenda deles é dividida entre o atendimento no ateliê, em São Paulo, onde também possuem um estúdio fotográfico; o atendimento *vip* no salão L'Équipe, São Paulo, e o restante fica por conta dos trabalhos em revistas de moda e beleza, catálogos, desfiles e aparições em programas de tevê.

Fabrício encerra a entrevista dando seu conselho aos profissionais:

> Se sua cliente gosta de usar jaqueta *jeans*, calça de *cotton*, não importa qual a roupa, faça isso ficar legal, valorize o estilo de sua cliente da melhor maneira possível, crie em cima do que ela gosta.

Diane Parente

Personal stylist

> "Você é a melhor propaganda de seu trabalho."

Diane foi inovadora e pioneira na indústria norte-americana da imagem.

Ela começou seu trabalho em 1978, quando a consultoria de imagem era uma carreira desconhecida. Hoje Diane é uma das profissionais mais respeitadas pelos seus colegas de profissão. Com sua liderança, estabeleceu uma organização profissional, a Associação dos Consultores de Imagem, que posteriormente mudou para Associação dos Consultores de Imagem Internacional.

Diane Parente é fundadora-presidente da Image Development & Management Inc. (IDMI), uma inovadora empresa especializada em imagem pessoal e serviço de planejamento de guarda-roupa. A empresa fornece seminários, consultoria de imagem e personal shopping para clientes que queiram progredir em suas carreiras, ter sucesso, com o guarda-roupa mais eficiente.

A imagem visual é um dos três mais importantes elementos na comunicação do trabalho e uma poderosa ferramenta de marketing.

Companhias consistentemente empregam o método de Diane para garantir que o visual de seus funcionários reforce a qualidade e credibilidade dos produtos e serviços da empresa.

Diane tem em sua lista de clientes Macy's, Arthur Andersen, Hyatt Regency Hotel, KPIX Channel 5 San Francisco, Ford Motor Company.

O impacto do trabalho de Diane Parente é o reflexo de seu compromisso com a perfeição, com retorno merecido, como o prêmio do Conselho da Imagem Industrial, o Prêmio da Excelência.

É coautora de três livros, sendo o mais recente *Mastering your Professional Image-Dressing to Enhance your Credibility*,[32] e deu uma contribuição no livro *A Woman's Way to Incredible Success in Business*.[33]

E a própria Diane nos conta um pouco de sua trajetória.

> Tudo começou em 1977. Estava arrumando a vitrine de uma pequena loja, colocando acessórios em um manequim, quando uma cliente me disse: "Você pode me ajudar?". Virei e me deparei com a cliente confusa e com os braços repletos de roupas. "Eu não sei se estas roupas vão cair bem em mim", ela disse. Eu a ajudei com essa seleção e descobri uma nova carreira, a consultoria de imagem.
>
> Minha jornada começou como analista de cores. Passei muito tempo ajudando clientes a descobrir a paleta certa para sua coloração pessoal.

---

[32] Diane Parente & Stephanie Peterson, *Mastering your Professional Image-Dressing to Enhance your Credibility* (Ross: Image Development & Management, 1995).

[33] Mary-Ellen Drummond, *A Woman's Way to Incredible Success in Business* (Holbrook: Adams Media Corporation, 2001).

Comecei a criar paletas pessoais para as clientes usarem quando fossem fazer compras. Depois me dediquei à organização e planejamento de guarda-roupa. Mas o que me direcionou à fase mais lucrativa de minha carreira foi o papel de personal shopping. Muitos clientes realmente apreciavam o benefício de fazer compras comigo várias vezes ao ano, sabendo que estavam se vestindo muito melhor, conseguindo um guarda-roupa funcional e eficiente e tendo retorno tanto financeiro quanto de economia de tempo; isso fez com que a função de personal shopping se tornasse minha principal fonte de rendimento.

Mesmo com o rápido sucesso, eu sabia que precisava ter uma visão maior de meu trabalho, com o objetivo de expandir. Primeiramente instalei um escritório num bairro chique de São Francisco e entrei para a rede de seminários e funções de negócios. Depois de dez anos, a lista de clientes havia crescido significativamente.

O que muito ajudou a posicionar minha carreira foi um seminário do qual participei chamado Terça às 10, em uma grande loja de departamentos. Lá conheci a inglesa Patrícia Fripp. Ela estava trabalhando neste local, conversando com as pessoas, quando olhou para mim, aproximou-se e disse: "Você deve ser alguém muito importante". Isso porque eu vestia uma roupa elegante e coordenada. Esse seminário me conduziu ao próximo degrau de minha carreira. A mesma loja de departamento me convidou para fazer apresentações de consultoria de imagem para seus clientes. Em pouco tempo, já havia feito apresentações para pequenos e grandes grupos de âmbito nacional. As informações adquiridas nos seminários e as consultorias com clientes serviram como material de grande valor para os quatro livros de que participei como coautora.

Orgulho-me de ter ajudado a desenvolver a Associação dos Consultores de Imagem, agora chamada Associação Internacional dos Consultores de Imagem. Em 1981, muitas pessoas sem experiência e sem estudo estavam com pressa de serem chamadas de consultores de imagem. Começaram a cobrar preços altíssimos sem produzir resultados positivos em seus trabalhos. A reputação e o futuro dessa profissão estava em jogo. Jeane Johnson e eu decidimos que algo deveria ser feito. Tanto a credibilidade da profissão como o consumidor deveriam ser protegidos. Formulamos a ideia de uma organização profissional que estabeleceria e manteria a credibilidade da indústria de consultoria de imagem. Assim, foi criada a Aici, que até hoje está em prática e com membros no mundo todo.

Conselhos para os consultores de imagem principiantes, segundo Diane

- Desenvolva seus conhecimentos a respeito de consultoria de imagem

    Seja fluente nos princípios básicos de imagem visual, estilo, cor, análise da silhueta, guarda-roupa, coordenação de acessórios, estilo de cabelo, maquiagem. Invista em você, faça cursos nas áreas de imagem, comunicação, administração do trabalho e desenvolvimento pessoal; leia livros e revistas. Você precisa estar bem instruído para ter credibilidade e um trabalho eficiente com seus clientes. Participe de pelo menos um seminário anual importante. Invista em você que com certeza as outras pessoas também farão o mesmo.

    Faça um estágio com um consultor de imagem em destaque no mercado, de preferência um que já tenha pelo menos cinco anos de experiência, provavelmente você não será remunerado; o retorno é em experiência – que não tem preço.

- Desenvolva a imagem e estrutura de seu trabalho
- Projete sua imagem profissional

   Você é a melhor propaganda de seu trabalho. Tenha certeza de que sua imagem, tanto pessoal quanto profissional, é um reflexo positivo do alvo de seu mercado. Lembre-se de atualizar sua imagem sempre que for preciso. Se sua aparência não interagir com sua profissão de consultor de imagem, ninguém o levará a sério.

- Defina seu mercado

   Decida onde você vai concentrar seus esforços, por exemplo: executivos, adolescentes, idosos, etc. Você terá mais credibilidade se conhecer e souber focar o mercado.

- Desenvolva seus trinta segundos de comercial

   Uma pequena explicação de quem você é, o que tem a oferecer e por que deve ser escolhido para o trabalho em vez de outro profissional. Você usará dessa descrição para se introduzir pessoalmente no papel. Cuidado para não parecer muito engraçadinho ou complicado. No meu caso, eu posso dizer: "IDMI ajuda seus clientes a realçar a qualidade de seu trabalho com uma imagem que melhor passará seus valores e credibilidade".

- Rede de trabalho

   A chave para construir qualquer trabalho é fazer com que o mundo saiba quem você é e o que você faz. Frequente reuniões, seminários e qualquer atividade em que possa encontrar pessoas que estejam dentro do seu alvo de mercado ou que possam lhe colocar em contato com outras que estejam no seu alvo de mercado. Persistência é a chave do sucesso.

- Aprenda a falar e escrever corretamente

    Documentos bem redigidos, orçamentos e faturas benfeitos o livram de mal-entendidos e deixam as pessoas com boa impressão de você e de seu trabalho.

- Equipamento de trabalho

    É quase impossível trabalhar sem a ajuda de um computador. Se você não sabe manipulá-lo corretamente, faça um curso. E-mail é a melhor maneira de comunicação hoje em dia.

- Seja membro da Aici

    Se você realmente quer entrar fundo nessa profissão, faça parte da associação. Você sempre estará bem informado, participando dos seminários e da convenção anual.

- Entenda de finanças
- Aprenda contabilidade

    Esta é a linguagem dos negócios. Você não precisa se tornar um contador, mas deve manter suas finanças em dia ou pelo menos acompanhar os resultados se outra pessoa fizer sua contabilidade.

- Faça e mantenha um orçamento para seu trabalho

    Se você não sabe como, aprenda!

- Tenha recursos financeiros suficientes para cobrir períodos ruins

    A regra dos negócios é você começar um trabalho com recursos financeiros suficientes para cobrir os primeiros seis meses; caso contrário, você corre o risco de não sobreviver até o seu trabalho ficar lucrativo.

- Tenha ética

  Trate os outros da maneira que você quer ser tratado, sempre!

  Nunca use o material de outro profissional sem sua permissão.

  Nunca roube o cliente de outro consultor – a não ser que o cliente tome a decisão de optar por seu serviço.

- Mantenha equilíbrio em sua vida
- Celebre suas realizações de uma maneira que o faça feliz
- Reserve tempo para coisas que o façam feliz

  Tudo é possível desde que você esteja preparado, trabalhe muito, tenha um mercado eficaz e um forte suporte de trabalho, e mantenha um bom senso de humor.

Segredos do sucesso de Diane

- Trabalhar com sabedoria e conhecimento para manter uma clientela leal. Trabalhei como vendedora em loja de roupas desde os meus 16 anos. Assim, ganhei experiência em saber lidar com as pessoas, fazendo as perguntas certas, entendendo sua coloração pessoal, tipo físico, estilo de vida, e sabendo coordenar todos os tipos de roupas e acessórios.
- Ser membro da Aici, afinal ela existe desde 1981. Aprender a ter liderança foi de grande valor para minha pessoa e meu trabalho.
- Ser uma estudante que está sempre à procura de aprender novas técnicas e atualizar o material de trabalho, frequentando seminários, lendo livros e ouvindo *tapes*.

- Ter sempre uma perspectiva positiva de seu trabalho e quando necessário redefinir os objetivos.

- Saber como participar de redes de trabalho e cultivar clientes. Vendas e marketing são dois aspectos do trabalho que eu adoro. Desempenho muitas funções e tento falar com todas as pessoas que entram em contato comigo e que sejam meu alvo de trabalho. Também aprendi a aceitar rejeição e a atravessar períodos de procura por clientes.

- Estar sempre disposto a ajudar pessoas a desenvolver seu potencial. Uso minhas ferramentas de trabalho para ajudar pessoas a encontrarem seu estilo pessoal e saberem o que é atual e apropriado para usar em cada ocasião.

- Desenvolver a compreensão e a generosidade com os clientes. Tratá-los como amigos e se esforçar para dar mais do que eles esperam. É importante conquistar confiança e ganhar respeito. Eu não cobro por minuto, entrego roupas na casa de clientes, organizo seus armários e às vezes os levo para almoçar sem nenhum custo. Se um de meus clientes está gastando muito com roupas e com meu serviço, estarei sempre compensando esses gastos de alguma forma. Muitos de meus clientes estão comigo há mais de vinte anos. A qualidade do serviço é a chave do retorno.

- Estar sempre atualizada sobre a moda e buscar o que é apropriado para executivos.

- Ouvir detalhadamente o que seus clientes têm a dizer, entendendo o que eles precisam dentro de seu estilo de vida.

- Convivo com pessoas inteligentes e faço parte de um grupo de apoio que tem ajudado muito em meu trabalho. É composto de cinco pessoas que se encontram uma vez por mês para trocar ideias e oferecer ajuda umas às outras. Nossos negócios têm progredido muito dessa maneira.

- Ter muita energia, entusiasmo para o trabalho e senso de humor.

Lynne Henderson Marks

Consultora de imagem

> "Para alcançar o sucesso na profissão, é preciso estar sempre aprendendo novas técnicas de trabalho, desenvolver habilidades como empreendedor e saber se promover e divulgar o seu trabalho."

Lynne Henderson Marks é membro da Aici, na qual é qualificada com o Certified Image Master (CIM), e presidente do Instituto de Imagem de Londres. Com experiência incomparável na área de imagem, ela se destaca entre os melhores profissionais do mundo.

Graduada em francês e psicologia pela Universidade de Londres, foi uma das pioneiras na pesquisa da linguagem do corpo e comunicação não verbal, quando essas áreas eram praticamente inexploradas.

Como professora e coordenadora de um dos departamentos de moda do Colégio de Moda de Londres, tornou-se experiente em imagem, *design*, estilismo, modelagem, desfiles de moda e manequim. Trabalhou por muito tempo na área de fotografia e maquiagem de palco para desfile e produziu e dirigiu centenas de eventos de moda de grande porte.

Como instrutora empresarial, organiza programas em administração de imagem, técnica em comunicação e apresentação, serviços para clientes, protocolo empresarial, para empresas como American Express, The Weather Channel, Coca-Cola, At&T e CNN Sports.

Seus clientes particulares são altos executivos e políticos dos Estados Unidos; ela trabalha o visual, a comunicação não verbal, a comunicação interpessoal e a apresentação de técnicas.

Já teve matérias publicadas em revistas como *Time*, *Women's Day*, *Elle*, *CNN News* e *Glamour*.

É coautora do livro *The Perfect Fit: How to Start an Image Consulting Business*.[34]

Prestou serviços na direção da Aici, onde foi presidente em 1995/1996.

---

[34] Lynne Henderson Marks & Dominique Isbecque, *The Perfect Fit: How to Start an Image Consulting Business* (3ª ed. College Station: VirtualBookworm.com Publishing Inc., 2002).

Em 2002 recebeu o prêmio da Image Markers Merit of Industry Excellent Award (Immie) pelo trabalho prestado à indústria da imagem.

Lynne define o objetivo de um consultor de imagem ou personal stylist como sendo o trabalho do visual e da aparência das pessoas, habilidades na comunicação não verbal, apresentação, etiqueta e comportamento. "Nós, profissionais, fazemos com que as pessoas se tornem mais eficazes e adequadas em sua apresentação pessoal."

Segundo Lynne, o consultor de imagem precisa estar muito bem informado em todos os itens que abrangem a profissão, como estilo, cor, biotipo, técnicas de camuflagem, estilo de cabelo, técnicas de maquiagem; saber lidar com as pessoas e analisar seu estilo de vida, estar muito bem informado a respeito da moda e entender a fundo a linguagem do corpo. Ela acredita que 80% da habilidade profissional está em saber compreender e lidar com as pessoas e 20% em saber como vestir uma pessoa.

Em sua experiência de trabalho, Lynne define seus clientes como pessoas de alto poder financeiro, mas com pouco tempo disponível para se dedicar à aparência pessoal (a economia de tempo é uma das vantagens de se contratar o serviço de um profissional, seja consultor de imagem ou personal stylist). São eles executivos, políticos, celebridades e personalidades bem-sucedidas. A maioria dessas pessoas tem como objetivo se promover em seu trabalho, e elas precisam se diferenciar dos demais. É quando Lynne trabalha a marca pessoal para torná-los distintos dos seus competidores.

Lynne acredita que para alcançar o sucesso na profissão é preciso aprender sempre novas técnicas de trabalho, desenvolver habilidades como empreendedor; o profissional deve saber se promover e divulgar seu trabalho. Lynne conta que, em seus mais de trinta anos de profissão, nunca parou de estudar e, se vê possibilidade de tirar algo de proveitoso em determinados cursos, não hesita em fazê-los. Ressalta também que o principal é a experiência que o profissional adquire no decorrer de sua carreira profissional.

Nazareth Amaral

Personal stylist do ex-presidente Lula

> "Associo meu trabalho de figurinista com o de personal stylist porque ambos lidam com personagens. Se vou vestir o presidente de uma empresa, estou vestindo um personagem."

Não passou despercebido o bom gosto do presidente Luiz Inácio Lula da Silva ao longo de sua campanha eleitoral, após a eleição e em seus mandatos: a elegância marcou presença. O que muita gente não sabe é que boa parte do visual apurado do ex-presidente Lula foi influenciada pela paulistana Nazareth Amaral, personal stylist, figurinista e produtora de moda.

Mesmo com a enxuta verba destinada ao vestuário do então candidato do Partido dos Trabalhadores, a *expert* em moda fez um excelente trabalho. Montou um guarda-roupa impecável, com peças-chave que puderam ser usadas várias vezes sem parecerem as mesmas. "Chegamos a compor mais de vinte looks diferentes com apenas quatro ternos: um azul-marinho, um esverdeado, um cinza e um risca de giz", lembra. O segredo, segundo ela, foi optar por roupas bem cortadas, de caimento perfeito e em cores sóbrias. O toque final ficou por conta das gravatas, que sempre combinavam com as camisas.

A longa experiência de Nazareth com filmagens de comerciais e filmes de curta e longa-metragem ajudou bastante. Ela sabia que deveria ter cuidados redobrados, que o efeito das luzes dos estúdios podia ser desastroso. "Uma simples dobra pode se transformar em um buraco negro e estragar toda a roupa", ensina. É claro que a elegância espontânea do cliente contou pontos para o sucesso da sua tarefa. "Não encontrei dificuldade para vestir o presidente. Lula gosta e sabe se trajar bem. São surpreendentes a desenvoltura e a perfeição com que ele faz o tradicional nó de Windsor na gravata; poucos conseguem", comenta.

Para o dia da posse, a ideia foi usar roupas com as cores da bandeira brasileira, numa espécie de homenagem e de comprometimento. Sendo assim, Nazareth e o presidente Lula escolheram um terno verde, uma camisa branca e uma gravata em tons sutis de verde, amarelo, azul e branco. E o resultado o mundo inteiro conferiu. Apesar de tamanha responsabilidade, o trabalho correu equilibrado e seguro.

O envolvimento de Nazareth com moda não é recente; começou ainda na infância vivida no bairro da Lapa, em São Paulo. Quando garotinha, ficava horas observando a mãe confeccionar roupas para a família – e também dando palpites na criação das peças. Outro passatempo era assistir a filmes de diferentes gêneros. Mais do que o enredo das histórias, o que chamava a atenção da menina eram as vestimentas dos personagens. Esse período, sem dúvida, foi marcante e influenciou muito no rumo da sua carreira em 1979.

Foi um músico, porém, que acabou apresentando formalmente Nazareth ao mundo da arte do vestuário. Confeccionar com muito estilo e criatividade um kep com leds para o show do amigo Simbas, vocalista da banda de rock Tutti Frutti, foi o suficiente para que ela fosse convidada por Baby Consuelo para criar o figurino da cantora no lançamento do disco *Raio Laser*. Após essa bem-sucedida estreia vieram inúmeras outras montagens no meio artístico.

O retorno financeiro, entretanto, demorou a chegar. "Não conseguia ganhar dinheiro com moda porque não sabia cobrar. Tudo fica tão fácil quando realizamos um trabalho prazeroso que parecia não haver necessidade de remuneração", reflete. E acabou voltando ao antigo emprego, que não tinha relação alguma com moda, mas compensava financeiramente.

Por não sentir afinidade com o trabalho, buscou uma nova maneira de estar ligada ao mundo *fashion*. E, em sociedade com uma amiga que retornara da França, abriu um brechó no bairro de Pinheiros: "adoro peças de época, são verdadeiras obras de arte". Mas o negócio durou apenas seis meses. "Na época as pessoas eram preconceituosas quanto às roupas de segunda mão, não se misturavam estilos no começo dos anos 1980. Ainda se cultuava a roupa para trabalhar, para ir ao cinema e a roupa para sair à noite; tudo novinho e passadinho", recorda.

Com o fim da sociedade, uniu-se à *troupe* de circo Abracadabra, que tinha inspiração no Mágico Circo de Paris. Os artistas se apresentavam nas praças das cidades recitando textos de Torquato Neto. Além de representar três personagens, Nazareth participou do projeto do figurino da *troupe* – isso, aliás, era o que mais a atraía. Ainda no grupo, foi convidada para fazer a caracterização e a criação dos personagens do longa-metragem *cult Tessa, a gata*, do cineasta Enzo Baroni.

Ganhar dinheiro com moda ainda estava difícil. Nazareth enveredou-se para o caminho das vendas. Conseguiu um emprego como corretora de títulos de um clube. Foi sua chefe Arlene de Oliveira que lhe ensinou a lidar com questões essenciais, como reconhecer o valor de seu trabalho. Na época, a apresentadora Cinira Arruda fazia parte da equipe de vendas. "Cinira foi um anjo em minha vida, todos os dias dizia que eu era uma produtora de moda e que, embora eu não soubesse, tinha muito talento." Cinira aconselhou-a a seguir o caminho da produção de figurino para comerciais de tevê e a indicou para a produtora de vídeos Globotec. Nazareth passou dois anos nessa produtora como assistente de figurino, período em que pôde visualizar nitidamente a profissão. "Não tínhamos faculdade e nem curso de moda."

Em 1987 passou a trabalhar na produtora Micksom, onde conheceu pessoas importantes do mundo artístico. Duas delas foram fundamentais para consolidar sua carreira: o diretor de cinema Ugo Giorgette e a diretora de arte Isabel Giorgette, que Nazareth considera sua mestra na arte de vestir personagens.

Ainda em 1987, participou do figurino do longa-metragem *A festa*, de Ugo Giorgette, que recebeu o Prêmio Kikito de melhor figurino no Festival de Gramado (1989). Em 1991, trabalhou no filme *Boleiros*, do mesmo diretor.

Em 1995 criou o figurino das dançarinas Scheila Carvalho e Sheila Mello, do grupo É o Tchan, para a turnê É o Tchan no Japão. Para vestir as dançarinas de gueixas e samurais modernos, Nazareth buscou inspiração no filme *O quinto elemento* e na própria cultura japonesa. Pela gravadora Abril Music, montou o guarda-roupa da cantora Lady Zu. Nessa época ela já desfrutava do prazer de se manter exclusivamente das atividades com moda. E os convites para trabalhos cresciam cada vez mais, de comerciais a editorias de moda e produção de capa para revistas.

Em 2002 foi contratada como personal stylist por Bárbara Paz, assim que a atriz venceu a primeira edição do programa *Casa dos Artistas* (SBT). "Sempre visualizei a Bárbara como uma princesinha *punk*, uma bonequinha de videogame." Nesse trabalho ela conseguiu exercitar toda sua ousadia, misturando estampas, acessórios e cores. "Não tenho medo de combinar um vestido chiquérrimo de Yves Saint-Laurent com um cocar de índio ou um sapato plataforma, ou misturar um padrão xadrez com um tecido estampado. Acredite, fica lindo! Ousar, sim, mas tem de respeitar as regras de elegância", aconselha.

E o que é ser elegante? Para Nazareth, é mais uma questão de atitude do que de vestimenta. "Se a postura da pessoa é fina, equilibrada e tranquila, com certeza resultará num conjunto harmonioso, de bom gosto", comenta, citando a consultora de moda Costanza Pascolato como exemplo. "Acredito que o charme de Costanza provém de sua postura, da maneira de falar e de ser, e não propriamente das roupas que veste", conclui.

Segundo Nazareth, o personal stylist precisa:

- Ser um bom vendedor, mas sempre negociar de maneira positiva e verdadeira. Autenticidade gera confiança.
- Ter uma boa vivência de mundo, afinal são trabalhados clientes totalmente distintos uns dos outros.
- Estar sempre provido de muito amor, paciência e dedicação, nunca de imposição.

- Respeitar a individualidade da pessoa, não tentar mudá-la. O papel do profissional é ajudar o cliente a descobrir quem ele é, o personagem que sempre quis ser.
- Adequar a roupa ao momento e à situação.
- Ter sensibilidade na hora de escolher o modelo e ser realista na hora de comprar.
- Não ter medo de "abrir as portas" para novos profissionais. Cada personal stylist é um artista com sua própria maneira de trabalho.
- Transmitir tranquilidade ao cliente.
- Manter-se atento, olhando tudo à sua volta porque pode servir como referência para trabalhos futuros.
- Fazer parcerias quando possível. São oportunidades que acrescentam.
- Ouvir a opinião de quem faz parte da vida do cliente. O profissional deve adequar a roupa ao estilo dele, sem imposição, pois é preciso que o cliente sinta-se bem ao lado de quem convive.

Patrícia Tucci

Consultora de imagem

> "O segredo da beleza é ser autêntica. Descubra e valorize o seu estilo."

Patrícia Tucci trabalha como consultora de imagem há muitos anos. É formada em Comunicação Social pela Escola Superior de Propaganda e Marketing (ESPM) e especializou-se no mercado de moda com a representação da confecção Jan & Loreto, a partir da qual iniciou os contatos com o varejo.

Em 1977 abriu a Collection – empresa que oferece consultoria e treinamento para o varejo de moda. Foi quando percebeu a necessidade de os vendedores de lojas identificarem melhor o perfil dos seus clientes baseados em técnicas.

Em 1988 foi habilitada pela True Colours para oferecer consultoria em cores.

Em 1999 fundou a Estilo, uma empresa de assessoria de imagem pessoal e empresarial.

Em 2001 iniciou o Provador Morumbi Shopping – editoriais de moda e consultorias personalizadas pelo site do Morumbi Shopping, no qual

Patrícia dava dicas de imagem, e a cliente tinha a oportunidade de fazer uma pergunta personalizada dentro de três temas: cores, estilo e biotipo. Esse trabalho fez com que ela tivesse uma ligação muito forte com o consumidor, "as pessoas me mandavam e-mail agradecendo pela minha resposta, era muito gratificante".

Além dos contatos que tem no Brasil e no mundo, Patrícia sempre viaja para os Estados Unidos e Itália, onde vai às bibliotecas à procura de novas edições especializadas na área.

Hoje oferece um serviço completo de orientação de Moda & Estilo para as pessoas ou empresas que se preocupam com o bem-estar e a imagem que uma roupa pode proporcionar.

Patrícia trabalha com técnicas precisas sobre a escolha de cores, modelagens que valorizam o corpo e os estilos pessoais. Essas técnicas são aplicadas em três serviços: manual de estilo personalizado, clínica de moda e palestra sobre a imagem pessoal.

Manual de estilo

As sessões são baseadas nos seguintes tópicos: cores, estilo, biotipo, maquiagem e cabelo.

Ultilizando-se de teorias sobre moda e beleza, a cliente amplia o seu autoconhecimento e ressalta a sua beleza natural.

Na conclusão do trabalho, as participantes recebem um livro personalizado – um manual de estilo que contém todas as dicas necessárias para valorizar a imagem da cliente. Essa matéria trata de colorismo – cartela individual; estilo – roupas que expressam o jeito de ser e viver; corpo – modelagens que valorizam o biotipo; etiqueta do vestuário – a roupa socialmente correta; maquiagem – aula com fotos do passo a passo; cabelos – fotos das opções de cortes e cores; mãos – cuidados especiais; alma; frutoterapia em chás; endereços – onde encontrar.

Clínica de moda

As sessões podem ser realizadas para funcionários, clientes de lojas e até mesmo oferecidas como um serviço especial para clientes de shopping centers.

A clínica de moda orienta as pessoas individualmente ou em pequenos grupos quanto a questões pessoais, tratando de assuntos como colorismo, estilo, biotipos, maquiagem e cabelo.

Para que os clientes tenham o máximo aproveitamento das dicas e sugestões, são usados materiais personalizados sobre o assunto escolhido.

É uma ótima estratégia para esclarecer dúvidas íntimas ou ainda aprender de forma prática e rápida a melhorar a aparência.

A clínica de imagem para empresas é aberta também para consultas individuais. Cada pessoa tem uma hora para explorar o assunto que desejar, e muitas acabam gostando tanto que contratam todo o serviço para si.

Palestras

A palestra sobre imagem pessoal foi criada com o objetivo de valorizar a beleza das pessoas pelo estilo pessoal, biotipo e cores, respondendo a perguntas como "Que imagem estou projetando?", "Quais cores usar?", "Como coordená-las?", "Qual é o meu estilo?", "Quais as tendências de moda para o meu estilo?", "Qual a maquiagem ideal para mim?". E ainda: "Com que sapato, cor, roupa, cabelo, maquiagem vou a um evento específico?".

É um trabalho que oferece muitas dicas e sugestões baseadas nas tendências da moda. Tudo isso de uma forma muito gostosa, bonita e prazerosa. Além disso, o contato entre os participantes e o esclarecimento das dúvidas pessoais certamente favorecem o grupo como um todo.

Além da apresentação em *datashow*, a palestra é interativa e engloba testes e exercícios práticos. É uma ótima oportunidade para estimular os cuidados pessoais que fortalecerão a imagem do indivíduo, bem como a da empresa. Nessas palestras, Patrícia atende desde secretárias até gerentes de empresas (na maioria das vezes mulheres) – em geral, os grupos são formados conforme as necessidades da empresa.

No âmbito particular, e já no primeiro encontro, Patrícia começa analisando a cliente pelo estilo: pede que escolha três situações para vesti-la, conversam sobre a imagem que ela deseja passar, qual o objetivo dela, quais são suas qualidades pessoais. De posse dessas informações, Patrícia vai direcionando a roupa da cliente.

No segundo encontro, o assunto é cores. Patrícia aplica a técnica do colorismo, já faz a cartelinha de cores ideais para a cliente e a ensina a combiná-las corretamente.

No terceiro encontro, ensina passo a passo a maquiagem ideal para a cliente dentro do estilo pessoal e as cores que a favorecem; faz o estudo do biotipo, tirando todas as medidas da cliente e, por final, o estudo do cabelo.

Cada cliente recebe seu livro pessoal no quarto encontro. O conteúdo trata da análise de cores, do estudo da maquiagem e do cabelo, estilo pessoal, roupas e acessórios que combinam com o biotipo, estratégia do estilo (dentro do biotipo, o que fica bem e o que deve ser evitado) e indicações de etiqueta pessoal.

Esse livro contém fotos da cliente se maquiando passo a passo, arrumando o cabelo, com várias opções de cores e penteados, e sugestões de looks já estipulados dentro do biotipo e estilo dela.

Depois que o livro está pronto, Patrícia explica o porquê de cada etapa, pois seu objetivo maior é ensinar a cliente a se vestir sozinha. Só depois de a cliente se sentir pronta a fazer a primeira limpeza do guarda-roupa é que Patrícia vai até a casa da pessoa, acompanhada de uma produtora de moda, para fazer a análise final do guarda-roupa.

As roupas da cliente são separadas; em seguida, são feitas as composições de roupas e uma lista do que precisa ser comprado. Patrícia, então, vai às compras com a cliente.

Para a pessoa seguir a linha de seu estilo pessoal, Patrícia elaborou uma estratégia de montagem de um painel para a cliente que funciona da seguinte maneira: se a pessoa segue o estilo sexy, há fotos (de revista) de roupas e acessórios para cada situação, ou seja, trabalho, fim de semana e festa dentro desse estilo, seguindo a tendência de moda. Patrícia sugere que o painel seja fixado no guarda-roupa da cliente. Geralmente ela faz um encontro a cada semestre com suas clientes para a atualização dos painéis conforme a estação.

Para quem optar por algo mais simples, Patrícia oferece outro tipo de trabalho, com as mesmas características do apresentado.

Com certeza, qualquer modificação para melhor faz muita diferença. Por exemplo, o fato de a pessoa aprender a se maquiar corretamente já é uma grande mudança, mas Patrícia aconselha a cliente a passar por todas as etapas para o resultado ser perfeito.

O forte do público de Patrícia são as mulheres executivas. Ela acha interessante esse público, pois são pessoas que precisam da imagem.

Ela trabalha em parceria em alguns ramos, como empresas de recrutamento, que enviam seus funcionários para que ela concilie a imagem da pessoa com o tipo de trabalho.

"Acho interessante trabalhar com esse tipo de pessoas, são muito capacitadas, têm ótimo conteúdo, além de precisarem de um guarda-roupa prático [...] e o meu trabalho faz com que elas tenham tudo mastigado, da melhor maneira, resolvendo a vida delas."

Um dos grandes problemas que Patrícia observa em algumas executivas que seguem o estilo sexy é de não saberem dosar um decote, uma roupa justa, e acabarem pecando pelo excesso.

Outra parte de seus clientes provém de matérias em revistas e jornais, que ajudam a divulgar seu nome; também faz parceria com algumas lojas que indicam-na à cliente, e ela as leva para fazer compras nessa loja, "pois a cliente já vem lá da loja, consequentemente é o estilo dela".

Patrícia é tão apaixonada pelo seu trabalho que guarda todos os depoimentos de suas clientes em um livro, e só de falar nele já se emociona.

Quando ela diz para as pessoas que trabalha como consultora de imagem, na mesma hora lhe perguntam que pessoa famosa ela já atendeu; ela responde rápido: "meu público não é este, o meu público é você".

Cláudio Vaz

Personal stylist

> "O cliente acaba economizando quando contrata meus serviços, pois para ele pegar o carro, ir até um shopping e ficar percorrendo as lojas para encontrar o que quer, é muito tempo perdido. Eu faço isso para o cliente, enquanto ele fica em seu escritório trabalhando e fechando contratos milionários."

O paulista Cláudio Vaz tem uma longa experiência no mercado da moda.

Cláudio usa seu coração e sua intuição como ferramentas de trabalho. A escola da moda para ele foi a experiência do dia a dia. Antes de exercer a profissão de personal stylist, trabalhou nas melhores lojas de São Paulo, onde aprendeu a observar e a entender as necessidades dos clientes, além de identificar a léguas de distância uma roupa de boa qualidade.

O carisma que possui faz com que seus clientes se transformem em amigos.

Com uma lista invejável de clientes famosos como Amaury Júnior, Chico Anysio, Chiquinho Scarpa e sua mãe Patsy Scarpa, a atriz Aracy Balabanian, os políticos Ciro Gomes, Serra e o ex-presidente Fernando Henrique Cardoso, Cláudio mantém a postura do profissional que sabe da qualidade do trabalho que faz.

Já teve seu próprio programa de moda – em 2001 na Rede Mulher – e é sempre foco da mídia quando se fala em personal stylist.

Também já desenvolveu um trabalho no figurino do Sistema Brasileiro de Televisão (SBT), a pedido do próprio Silvio Santos, e apresentou um quadro de moda em um programa de tevê dirigido ao público feminino.

Começou no mercado como vendedor da loja Mash, que era o auge do comércio da moda da época, no tempo em que fechavam as portas da loja devido ao excesso de clientes do lado de fora; quem viveu aquela época sabe como era, as pessoas tinham condições de consumir bem mais do que hoje.

Foi convidado a trabalhar na loja Elle et Lui, no Shopping Iguatemi, onde vendeu para um único cliente 434 peças de roupa – teve de passar um dia no estoque embrulhando os presentes – foi a maior venda da loja para um único cliente.

Da Elle et Lui foi para a loja Ralph Lauren, onde ficou somente dois meses por não haver mercadoria para vender – problemas com a importação que estavam ocorrendo, na época, com o país.

Sua grande escola foi trabalhar na Tweed, na loja da fábrica, onde as pessoas mais bacanas da cidade compravam. Eram formadores de opinião, políticos, artistas; e Cláudio, aos olhos das proprietárias, foi tido como o vendedor ideal para atender aquele seleto grupo.

Por meio da loja ele aumentou sua cartela de clientes *vips*, e também aprendeu muito com eles. Acabou trabalhando por nove anos na Tweed, onde desempenhou funções como vendedor, gerente, modelo – fazia as provas de roupa para a confecção –, e terminou como o stylist (tipo de conselheiro da confecção), pois era ele que vivenciava a loja, sabia exatamente o que as pessoas gostavam e o que não estava dando certo. Tais informações eram anotadas por Cláudio em uma agenda, e na reunião semanal discutia com as proprietárias os acertos da coleção. As proprietárias trabalhavam no escritório e acabavam não tendo essa vivência direta com o cliente, e a opinião de Cláudio passou a ser muito importante para a confecção. Infelizmente uma das proprietárias acabou falecendo e Cláudio foi trabalhar na loja Crawford, onde ficou um ano; de lá foi para a Vila Romana, quando começou a vestir o ex-presidente Fernando Henrique Cardoso e, consequentemente, aparecer na mídia.

Depois de dois meses de trabalho, Cláudio foi despedido da loja, até hoje não entendeu o porquê, mas se viu desempregado pela primeira vez em anos. A partir de sua cartela de clientes, começou a fazer contatos com as pessoas, oferecendo seus serviços: "posso levar a loja até você".

Na verdade, Cláudio nem sabia na época que essa profissão tinha o nome de personal stylist, mas foi assim que começou a atuar nessa área.

Os clientes adoraram, pois não gostavam de perder tempo indo até as lojas. Como ele já era muito conhecido no mercado, pegava as roupas em consignação, levava até a casa do cliente e devolvia o que não era vendido.

Foi aumentando sua clientela por meio de indicação de seus primeiros clientes e por matérias publicadas na mídia sobre seu trabalho.

Geralmente as pessoas que o procuram não têm tempo disponível.

> O cliente acaba economizando quando contrata meus serviços, pois para ele pegar o carro, ir até um shopping e ficar percorrendo as lojas para encontrar o que quer, é muito tempo perdido. Eu faço isso para o cliente, enquanto ele fica em seu escritório trabalhando e fechando contratos milionários.

Ele diz que as queixas mais comuns de seus clientes é que quando vão às compras sozinhos, acabam levando coisas erradas, que nunca vão usar, empurradas pelos vendedores de loja.

Ele mesmo não gosta de levar seus clientes às lojas, a não ser que queiram, pois nem ele se sente bem quando um vendedor começa a empurrar roupas para seu cliente: "quando eu trabalhava em loja, jamais fazia isso, não gosto deste tipo de coisa; eu ajudo na escolha da roupa, sou extremamente sincero, nunca empurrei nada para ninguém, e nem ganho para isso".

A primeira etapa de seu trabalho é conhecer o guarda-roupa de seu cliente.

Ele pede ao cliente que separe as roupas que mais gosta de usar e o que nunca sai do armário; dessa maneira descobre o estilo da pessoa e fica fácil de fazer uma limpeza no armário, tirando tudo o que provavelmente não será usado ou não está combinando. Faz uma lista do que está faltando, vai até as lojas e separa o que precisa. Na prova analisa o caimento da roupa no corpo do cliente. Ele não se prende somente a uma loja, costuma escolher roupas de várias, desde que tenham a ver com o estilo do cliente. Há pessoas que querem se vestir somente com roupas de uma determinada marca, "quem manda é ele".

Cláudio diz que às vezes se assusta com a falta de informação das pessoas.

"No inverno costumo ver homens com terno de linho e sobretudo; por incrível que pareça ainda há pessoas que não conhecem tecido."

Ele costuma viajar uma vez ao ano para Nova York para se atualizar: "lá eu encontro de tudo"; às vezes viaja com o próprio cliente. Afirma que não é tão necessário hoje em dia sair do Brasil para se atualizar, "com a internet, tudo ficou mais rápido". Conta que, dois dias depois de chegar de Nova York, foi ao Bom Retiro e viu uma vitrine idêntica a outra em Nova York.

Em sua experiência profissional tem casos divertidos para contar. Um deles foi quando vestiu Chiquinho Scarpa pela primeira vez em 1997, indicado pela mãe Patsy Scarpa. Chiquinho queria se modernizar. Quando Cláudio chegou ao escritório de Chiquinho, ele usava um terno muito justo, de golas e ombros pequenos, com sapatos de plataforma e salto alto.

Cláudio disse: "a primeira coisa que precisamos fazer é tirar esses sapatos de você". Chiquinho hesitou dizendo que os sapatos eram indicados por Calvin Klein, que havia sido seu hóspede há vinte anos e o aconselhou a usá-los, pois os saltos o alongavam... Detalhe para os vinte anos atrás... Depois de Cláudio argumentar com Chiquinho, ele tirou os sapatos do pé e disse para Cláudio: "Você vai até uma loja e traga um par de sapatos para mim, pois eu não vou sair daqui com esses sapatos!". E foi exatamente assim que aconteceu – e ele se desfez dos mais de oitenta pares de sapato de salto que tinha em seu armário.

Algum tempo atrás, Cláudio foi convidado para participar de uma entrevista no programa de Jô Soares. Meio temeroso pela fama de Jô de não ter medo de falar o que pensa, Cláudio foi cauteloso em tudo que dizia para não haver desentendimentos durante a entrevista. Em um certo momento, Cláudio mencionou a história de Chiquinho Scarpa, quando Jô saiu de trás da mesa e mostrou seu sapato com salto alto de plataforma. Cláudio quase desmoronou do sofá, todos começaram a rir e ele percebeu que foi tudo combinado com a produção, ufa!

Outra aventura foi quando Cláudio, depois de escolher um terno para seu cliente, o ex-presidente Fernando Henrique Cardoso, marcou a barra da calça e mandou a um alfaiate para que a fizesse. Quando Fernando Henrique foi vestir a calça, extremamente bem-humorado perguntou a Cláudio: "tem alguma coisa errada aqui... a moda mudou? Porque eu estou vestido com uma calça pula-brejo... ela está na canela!". O que aconteceu foi que o alfaiate ficou tão emocionado em fazer a barra da calça do então presidente que acabou errando.

Várias vezes presenciou brigas de marido e mulher na hora da escolha da roupa: "não tenho nada contra as mulheres, mas às vezes elas dão palpite demais".

Seu maior retorno profissional é saber que, além de vestir seus clientes, ele os ajuda a se sentirem mais seguros, com a autoestima alta, tanto para a vida pessoal quanto para a profissional.

Ele conta que levantou a autoestima de um cliente modificando o estilo de se vestir, e um tempo depois recebeu um telefonema desse cliente dizendo que todos estavam elogiando a nova maneira dele se vestir. O cliente fez, então, a seguinte pergunta a Cláudio: "Por que quando eu me vestia sozinho não acontecia isso?". A resposta de Cláudio foi bem direta: "Eu acabo passando um pouco da minha energia para os meus clientes".

Glossário

Acessório de moda: todo e qualquer objeto usado para compor um look.

All black: todo preto.

Alta-costura: roupas de alto luxo, feitas manualmente e com exclusividade.

Básico ou basic: peças que devem estar presentes em qualquer guarda-roupa, pois são básicas, como calça *jeans*, camiseta branca, vestido preto, entre outras.

Clean: peça ou look simples, despojado, livre de detalhes; moda limpa.

Consultor de moda: pessoa que oferece serviços ou conselhos profissionais referentes à moda.

Cool: estilo que engloba as cores neutras e as peças sóbrias. O cool é sereno, correto e não chama atenção; próximo ao estilo *clean*.

Coordenado: modelo básico de roupa. Pode ser usado com várias outras peças, pois todas combinam entre si e com os acessórios; são intercambiáveis e formam sempre um conjunto com boa apresentação.

Dramático: tudo o que causa impacto, como uma peça de roupa, cabelo e maquiagem.

Estilo: maneira de tratar, de viver, procedimento, conduta, modos.

Fashion: em inglês significa moda. Tudo que está no auge, o que está nos desfiles dos estilistas mais famosos, nas vitrines, nas ruas.

Fashionistas: quem é do meio da moda.

Fashion victim: do inglês, vítima da moda. Diz-se de pessoa que se torna escrava da moda, correndo atrás das últimas tendências sem critério, podendo cair no ridículo e virar uma vitrine ambulante.

Follow up: inspiração de coleções passadas.

Grife: marca de certos artigos, em especial dos de vestuário, via de regra com a assinatura do fabricante. Nem sempre grife está associada ao luxo, e sim à assinatura do criador.

Habillé: roupa elegante, para a noite ou ocasião especial.

High-and-low: migrar de um estilo ao outro.

Hit: peça de roupa ou acessório em alta.

Hype: o máximo.

Ícone: pessoa ou coisa emblemática do seu tempo, do seu grupo, de um modo de agir ou pensar.

Look: palavra inglesa muito empregada na moda, que significa visual, comportamento, aparência de uma pessoa devido à maneira de se vestir. Desde a década de 1960 até hoje, o look tem sido o meio de os jovens se identificarem; dissociou-se da noção de "chique" e passou a simbolizar um código tribal, e não apenas social. Código secreto, confidencial, indecifrável para os não iniciados. Designa o visual por inteiro.

Moda: processo contínuo de mudanças na maneira de se vestir que é aceita e seguida por um grande segmento do público em qualquer época.

Modismo: aquilo que está na moda, tendo, portanto, caráter efêmero.

New look: novo visual, novo aspecto. Estilo em geral atribuído a Christian Dior, que em 1947 lançou a linha corola, que ficou conhecida como *new look* por ser o extremo oposto das roupas restritas e econômicas impostas pelo racionamento do pós-guerra.

New age: em inglês significa nova era. Movimento que influenciou a moda por meio da transparência, da fluidez e do brilho das peças.

Out: palavra de origem inglesa, usada na moda para indicar fora, antiquado. O contrário de *in*.

Prêt-à-porter: expressão francesa que significa pronto para usar. Diz-se da roupa comprada pronta em lojas, seja fabricada industrialmente seja feita manualmente. Peças que seguem a tendência da alta-costura, porém confeccionadas em escala industrial. Foi criado no início da década de 1950.

Releitura: trabalho de referência de um produto com inspiração no passado; como, por exemplo, fazer a releitura de um vestido Dior.

Street look: tradução literal: visual de rua. Moda que surge nas ruas, estilos urbanos, ideias saídas das próprias consumidoras. Muitas vezes o modo de interpretar uma tendência pode até virar outra tendência.

Stylist: sinônimo de qualquer profissional de moda, aquele que cuida do estilo dos looks do desfile.

Tailleur: traje feminino composto de casaco e saia ou casaco e calça do mesmo tecido. Costume.

Tendência de moda: direção para a qual a moda se move.

Total look: utilização de uma única cor para um visual completo.

Traje a rigor: diz-se de roupa de cerimônia que se usa à noite em ocasiões de gala, bailes, banquetes, etc., e que inclui casaca, smoking, vestido de baile.

Vintage: roupas de segunda mão, como a moda dos brechós.

Wall-street look: visual no estilo yuppie dos executivos do mundo financeiro de Nova York. O moderno com base clássica, sempre caro e perfumado, composto por blazers, tailleurs, calças de pregas, pastas, etc.

Women's Wear Daily: publicação da Fairchild sobre a indústria da moda feminina, considerada a bíblia da moda.

Bibliografia

ANHESINI, Célia M. J. & QUEIROZ, Fernanda. *Terminologia do vestuário*. São Paulo: Escola Senai Engenheiro Adriano José Marchini – Centro Nacional de Tecnologia em Vestuário, 1996.

ARCANGELI, Cristiana. *Beleza para a vida inteira*. 2ª ed. São Paulo: Editora Senac São Paulo, 2001.

BARROS, Fernando de. *Manual da elegância*. São Paulo: Caras, 2002.

BENSTOCK, Shari & FERRISS, Susanne. *Por dentro da moda*. Trad. Lúcia Olindo. Rio de Janeiro: Rocco, 2002.

BONNELL, Kimberly. *O que usar: um guia prático de moda e estilo*. São Paulo: Best Seller, 2000.

BORRELLI, Laird. *Net Mode: Web Fashion Now*. Londres: Thames & Hudson, 2002.

CASTRO, Inês de. *A moda no trabalho*. São Paulo: Panda Books, 2002.

ECO, Umberto *et al*. *Psicologia do vestir*. 3ª ed. Lisboa: Assírio e Alvim, 1989.

EMBACHER, Airton. *Moda e identidade: a construção de um estilo próprio*. São Paulo: Editora Anhembi-Morumbi, 1999.

FEGHALI, Marta Kasznar & DWYER, Daniela. *As engrenagens da moda*. Rio de Janeiro: Editora Senac Rio, 2001.

FRANCINI, Cristiana. *Segredos de estilo: um manual para você se sentir melhor e ficar sempre bem*. São Paulo: Alegro, 2002.

FUJI, Donna. *Color With Style*. Japão: Graphica, 1991.

GONÇALVEZ, Xico. *Donna: abc da moda*. Porto Alegre: Zero Hora, 2002.

JACKSON, Carole. *Color me Beautiful*. Nova York: Ballantine Books, 1988.

KALIL, Gloria. *Chic homem: manual de moda e estilo*. São Paulo: Editora Senac São Paulo, 1998.

_____. *Chic: um guia básico de moda e estilo*. 20ª ed. São Paulo: Editora Senac São Paulo, 2000.

LURIE, Alison. *A linguagem das roupas*. Rio de Janeiro: Artemídia/Rocco, 1997.

MARRA, Heloisa & REGO, Julio. *Estilo no trabalho*. Rio de Janeiro: Editora Senac Rio, 2002.

MOLINOS, Duda. *Maquiagem*. São Paulo: Editora Senac São Paulo, 2000.

NANFELDT, Susan. *Plus Style: Guide to Looking Great*. Nova York: Plume Book, 1996.

O'HARA, Georgina. *Enciclopédia da moda*. São Paulo: Companhia das Letras, 1992.

PALMER, Nancy Nix-Rice. *Looking Good: a Comprehensive Guide to Wardrobe Planning, Color and Personal Style Development*. 3ª ed. Portland: Pletsch, 1998.

PASCOLATO, Costanza. *O essencial: o que você precisa saber para viver com mais estilo*. Rio de Janeiro: Objetiva, 1999.

PEDROSA, Israel. *Da cor à cor inexistente*. 7ª ed. Rio de Janeiro: L. Christiano, 1999.

WEBER, Mark *et al. Dress Casually for Success for Men*. Nova York: McGraw-Hill, 1996.

Sites de moda no Brasil e no exterior

www.erikapalomino.uol.com.br

O site da colunista da *Folha de S.Paulo* mostra as últimas notícias do mundo da moda, coleções, tendências e guia de lojas.

www.faschions.com.br

Fashion Mania – Novidades da moda no Brasil.

www.glamurama.com.br

Estilo de vida e moda com Joyce Pascowitch.

www.marcosabino.com

Marco Sabino – Site com diversas matérias e fotos de moda, com ênfase na masculina.

www.moda.com.br

Mod@ – Portal completo com as últimas notícias; escolas de moda; publicações *on-line*; *links*; agenda de eventos; instituições ligadas à moda; entre outros.

www.modaalmanaque.com.br

Histórico da moda, editorial de moda, dicas de livros, fotografia de moda, etc.

www.modasdeusar.com.br

Modas de Usar – Portal de moda com tendências, dicas, comportamento e matérias afins.

www.tittaguiar.com.br

Últimas tendências em moda; dicas de como se vestir, valorizando seu estilo/tipo físico; melhores endereços de compras; faça você mesmo sua moda, o que usar, onde, quando e por quê; entrevistas com profissionais, notícias do mundo da moda e história da moda.

www.uol.com.br/herchcovitch

Site de divulgação do seu trabalho.

www.uol.com.br/modabrasil

Site da Universidade Anhembi-Morumbi.

www.uol.com.br/webfashion

Web Fashion – Moda, beleza, saúde, modelos e dicas para se vestir de acordo com as ocasiões.

www.amayaarzuaga.com

www.apc.fr

www.bcbg.com

www.christian-lacroix.fr

www.colette.fr

www.costumenational.com

www.dior.com

www.dorotheeperret.com

www.eluxury.com

www.emiliopucci.com

www.helmutlang.com

www.hintmag.com

www.itfashion.com

www.kirnazabete.com

www.mads.it

www.net-a-porter.com

www.nylonmag.com

www.pleatsplease.com

www.something.org.uk

www.sowear.com

www.style.com

www.xuly-belt.com

Cursos de moda no Brasil e no exterior

São Paulo

Senac
 Faculdade e cursos livres
 www.sp.senac.br

Faculdade Santa Marcelina
 www.fasm.com.br

Universidade Anhembi-Morumbi
 www.anhembi.br

Senai/Centro de Tecnologia do
 Vestuário (CetVest)
 www.senaicetvest.com.br

Rio de Janeiro

Universidade Veiga de Almeida
 Instituto Zuzu Angel
 www.uva.br

Minas Gerais

Universidade Federal de Minas Gerais
 www.eba.ufmg.br
 www.cimobh.com.br

Paraná

Pontifícia Universidade Católica do
 Paraná
 www.pucpr.br

Universidade Estadual de Londrina
 www.uel.br

Santa Catarina

Universidade Estadual de Santa
 Catarina
 www.udesc.br

Rio Grande do Sul

Universidade de Caxias do Sul
 www.ucs.br

Ceará

Universidade Federal do Ceará
 www.ufc.br

Nova York

Fashion Institute of Technology (FIT)
www.fitnyc.suny.edu

Parsons School of Design
www.parsons.edu

Paris

Esmod
www.esmod.com

Institute Français de la Mode
www.ifm.paris.orf

Londres

London College of Fashion
www.lcf.linst.ac.uk

Royal College of Art
www.rca.ac.uk

Central Saint Martins College of Art & Design
www.csm.linst.ac.uk

Milão

Instituto Marangoni
www.institutomarangoni.com

Domus Academy
www.moda.italynet.com

Tóquio

ToquioTama University of Fine Arts
www.tamabi.ac.jp

Bunka Fashion College
www.bunka-fc.ac.jp

Dallas/Texas

Association of Image Consultants International
www.aici.org

Sites de alguns profissionais que participaram deste livro

Andréia Peres
www.crosscointed.com.br

Diane Parente
www.imagesellsyou.com

Duda Molinos
www.dudamolinos.com.br

Fabrício Sens e Cirio Sens
www.ciriosens.com.br

Francisco de la Lastra
www.franciscodelalastra.com

Hélio Sassaki
www.sp.senac.br

Lynne Marks
www.londonimageinstitute.com

Nazareth Amaral
www.nazarethamaral.com.br

Patrícia Tucci
www.estilopessoal.com.br

Índice geral

Agradecimentos, 17

Ampulheta, 87

Bibliografia, 249

Carolina Dieckmann – atriz, 152

Cláudio Vaz – Personal stylist, 237

Clínica de moda, 232

Closet clearing, 114

Código da roupa, O, 25

Coloração pessoal: uma nova dimensão, 99

Combinação de cores, 104

Como é orçado o trabalho do personal stylist?, 35

Conceitos masculinos, 171

Consultoria em visagismo, 157

Cores frias, 101

Cores quentes, 101

Cursos de moda no Brasil e no exterior, 253

Custo *versus* benefício, 141

Descrição de um *capsule wardrobe* para cada situação, 118

Diane Parente – Personal stylist, 212

Duda Molinos – Maquiador, 164

Estilo criativo, 70, 163

Estilo dramático, 161

Estilo dramático (moderno), 67

Estilo elegante, 64, 162

Estilo esportivo, 163

Estilo esportivo ou natural, 73

Estilo pessoal, 39

Estilo romântico, 76, 161

Estilo sexy, 79, 162

Estilo tradicional, 61, 163

Estilos, 172

Estrutura de um *capsule wardrobe*, 117

Fabrício Sens e Cirio Sens – Personal hair stylists, 208

Francisco de la Lastra – Hair stylist, 160

Glossário, 245

Guarda-roupa masculino inteligente, 184

Hélio Sassaki – Visagista, 157

Homem com barriga pronunciada, 183

Homem de estatura alta, 182

Homem com sobrepeso, 180

Homem de estatura baixa, 179

Homem do tipo atleta, 181

Ilana Berenholc – Consultora de imagem, 200

Intensidade, 103

Introdução, 19

Lynne Henderson Marks – Consultora de imagem, 220

Magia das cores, A, 99

Manual de estilo, 231

Marlene Tarbill – Consultora de imagem, 193

Mensagem das cores, 106

Nazareth Amaral – Personal stylist do ex-presidente Lula, 223

Nota do editor, 7

Organização de guarda-roupa, 127

Oval, 95

Palestras, 233

Paleta individual, 102

Patrícia Tucci – Consultora de imagem, 230

Personal shopper, 137

Personal stylist para artistas, 147

Personal stylists/consultores de imagem de sucesso, 191

Planejamento do guarda-roupa: *closet clearing/capsule wardrobe*, 113

Prefácio, 9

Profissão: personal stylist, 31

Retângulo, 93

Sites de alguns profissionais que participaram deste livro, 255

Sites de moda no Brasil e no exterior, 250

Tipo físico, 85, 179

Tipos de estilo, 59

Triângulo, 91

Triângulo invertido, 89

Valor ou luminosidade, 102

Vestindo o homem executivo, 185